第17届
华罗庚金杯少年数学邀请赛

试题和解答专辑

华罗庚金杯少年数学邀请赛　主试委员会
组委会办公室　编

科学普及出版社

·北京·

图书在版编目（CIP）数据

第 17 届华罗庚金杯少年数学邀请赛试题和解答专辑／
华罗庚金杯少年数学邀请赛主试委员会、华罗庚金杯少年
数学邀请赛组委会办公室编.—北京:科学普及出版社,2013.1
　ISBN 978－7－110－07990－4

　Ⅰ.①第…　Ⅱ.①华…②华…　Ⅲ.①数学课－中小学－题解
Ⅳ.①G634.605

中国版本图书馆 CIP 数据核字(2012)第 295096 号

出 版 人	苏　青
策划编辑	徐扬科　杨虚杰
责任编辑	吕　鸣　王　珅
责任校对	赵丽英
责任印制	李春利
封面设计	耕者设计工作室

出版发行	科学普及出版社
地　　址	北京市海淀区中关村南大街 16 号
邮　　编	100081
发行电话	010－62173865
传　　真	010－62179148
投稿电话	010－62176522
网　　址	http://www.cspbooks.com.cn

开　　本	787 毫米×1092 毫米　1/16
字　　数	180 千字
印　　张	8.75
版　　次	2013 年 1 月第 1 版
印　　次	2013 年 1 月第 1 次印刷
印　　刷	北京正道印刷厂

书　　号	ISBN 978－7－110－07990－4/G·3393
定　　价	14.00 元

第 17 届
华罗庚金杯少年数学邀请赛
主试委员会名单

顾 问

张景中	中国科学院	院 士
	广州大学计算机教育软件所	原所长
徐伟宣	中国科学院科技政策与管理科学研究所	原所长(研究员)
	中国优选法统筹法与经济数学研究会	原理事长
华 苏	清华大学数学科学系	教 授

主任委员

王 鸣	北京大学数学科学学院	教 授

副主任委员

闫桂英	中国科学院数学与系统科学研究院	研究员
许保光	中国科学院科技政策与管理科学研究所	研究员
连四清	首都师范大学数学科学学院	副教授

秘书长

傅继良	中国优选法统筹法与经济数学研究会	常务副秘书长(高级工程师)

委 员(按姓氏笔画排序)

王世坤	中国科学院数学与系统科学研究院	研究员
卢振虎	北京市府学胡同小学	高级教师
那吉生	中国科学院数学与系统科学研究院	研究员
朱华伟	广州大学计算机教育软件所	研究员
李青霞	北京教育科学研究院基教研中心	高级教师
李德明	首都师范大学数学科学学院	副教授
余其煌	中国科学院数学与系统科学研究院	研究员
邵二湘	北京市第一中学	高级教师
周国镇	《数理天地》杂志社	总编(高级教师)
周春荔	首都师范大学数学科学学院	教 授
胡 俊	北京大学数学科学学院	副教授
贺祖琪	中国矿业大学(北京)	教 授
陶晓永	北京教育学院数学系	副教授
韩於羹	北京航空航天大学理学院	教 授

前　言

　　华罗庚教授是我国享誉国际的著名数学家,对数学和中国近代数学的发展作出了杰出的贡献.为了推动数学在中国的传播和应用,为了国家的发展,他顽强奋斗,身体力行,功勋卓著.华罗庚教授在逆境中自学成材,一生自强不息和强烈的爱国精神非常感人,是激励广大青少年成长的巨大的精神力量.

　　1985 年 5 月,华罗庚教授在访问日本的一次报告中,倒在了讲坛上.他一生为国家和人民鞠躬尽瘁.华罗庚教授热爱青少年学生,关心他们的成长,他生前在国内所作的最后一次报告的听众是少年学生.1956 年,在他的倡议和推动下,我国首次开展了数学竞赛,极大地推动了中小学数学课外活动的开展,激发了青少年学生学习数学的兴趣,培养了人才.

　　1986 年,中国少年报社、中国优选法统筹法与经济数学研究会、中央电视台青少部和中国数学学会等单位,开展了以"华罗庚"名字命名的全国性少年数学竞赛活动,以数学竞赛的形式纪念华罗庚教授和弘扬华罗庚教授的精神,倡导广大少年学生学习华罗庚教授,培养他们热爱科学和刻苦学习的精神.当时的中共中央总书记胡耀邦亲自为少年数学邀请赛题写了"华罗庚金杯"题字,华罗庚教授的家属用华罗庚教授生前的稿费捐赠了"金杯".金杯的球体上嵌着华罗庚头像,四周雕刻着美丽的花环,六个孩子高举双手托起金球,体现了少年学生学习、继承和发扬华罗庚精神的决心,象征着少年学生热爱数学、热爱科学的信念.

　　二十七年来,华罗庚金杯少年数学邀请赛坚持纪念和弘扬华罗庚教授精神的宗旨,坚持数学竞赛要着力于培养和提高学生数学兴趣和数学素质的原则,组织了全国一百多个城市的三千多万中小学学生参加,吸引了日本、韩国、马来西亚、新加坡、菲律宾、蒙古等国家和中国台湾、香港、澳门地区中小学学生多次组队参加比赛,成为我国一项有意义的和有影响的少年学生数学教育和科技活动.

　　2012 年举办的第 17 届华罗庚金杯少年数学邀请赛分为初赛和决赛两个阶段,参赛选手分为小学中年级组、小学高年级组和初一组.小学中年级组的选手为不高于小学四年级的学生;小学高年级组的选手为不高于小学六年级的学生;初一组的选手为不高于初中一年级的学生.

　　初赛和决赛都分为网上比赛和笔试比赛两种形式.网上初赛和笔试初赛的时间都是 1 个小时,试题分为小学中年级组、小学高年级组和初一组.各组的试题都有两部分共 10 道题.第一部分是选择题,有 6 道题目,每题均需要从 4 个参考答案中选出 1 个正确答案;第二部分是填空题,有 4 道题目,每题仅需将答案填入空格即可.

网上决赛和笔试决赛的时间都是 90 分钟,试题分为小学中年级组、小学高年级组和初一组.网上决赛的各组试题都有两部分共 12 道题,第一部分是填空题,有 8 道题目;第二部分是回答题,有 4 道题.在笔试决赛中,小学中年级组的试题有 A、B 两套,每套有两部分共 12 道题,第一部分是填空题,有 8 道题目;第二部分是简单解答题,有 4 道题目,要求有主要的解题思路和简单的过程.笔试决赛的小学高年级组有 A、B、C 三套试题,初一组有 A、B 两套试题,每套试题都由三部分共 14 道题目组成.第一部分由 8 道填空题组成,每题也仅需将答案填入空格即可;第二部分是简单解答题,有 4 道题目,要求有主要的解题思路和简单的过程;第三部分是解答题,有 2 道题目,要求有较为详细的解题过程.

数学竞赛和数学兴趣活动是进行数学教育的一种好形式,有助于学生准确理解、掌握和巩固课堂上所学习的知识,有益于扩展学生的知识体系,有利于激发学生学习数学的兴趣,在潜移默化中提高他们的数学能力.这种数学能力,例如运算的能力、综合与分析的能力、逻辑推理的能力和应用数学知识解决问题的能力等,在青少年学生成长过程中十分重要,不仅有利于他们学好其他的课程,特别是自然科学的课程,甚至可以使他们越来越聪明,增长才能.

一项数学竞赛是否健康,是否有意义,试题的导向非常重要.第 17 届华罗庚金杯少年数学邀请赛主试委员会坚持普及性、趣味性和新颖性的命题原则,精心设计和筛选初赛、决赛和总决赛试题,力求这些题目涉及的知识适当、类型新颖有趣和富有启发作用.现在,我们将第 17 届华罗庚金杯少年数学邀请赛试题、试题解答编辑成册,供少年学生和相关的老师参考和使用.我们相信本书是少年学生的一本很好的读物,是爱好数学的少年学生"开卷有益"的参考书,是学习数学、增长数学知识、提高数学能力和智力的好伙伴.

虽然主试委员会的各位委员很努力,但是受限于我们的能力以及各种因素,第 17 届华罗庚金杯少年数学邀请赛的试题及其解答,仍有很多不尽完善的地方,我们欢迎少年学生和老师提供宝贵的意见.

有广大少年学生和老师的支持,我们坚信,秉承华罗庚教授的精神,遵循"华杯赛"的宗旨,坚持做好试题的命题工作,华罗庚金杯少年数学邀请赛一定会健康发展,一定会为学习和弘扬华罗庚教授的精神,为少年学生的成长发挥更大的作用和作出更大的贡献.

第 17 届华罗庚金杯少年数学邀请赛

主试委员会主任 王 鸣

2012 年 10 月

目　录

试 题

初赛网络版试题

一、选择题(每小题 10 分,以下每题的四个选项中,仅有一个是正确的,请将表示正确答案的英文字母写在每题的圆括号内)

1. 如图 1,时钟上的表针从(1)转到(2)最少经过了( ).

(1)　　　　　　(2)

图 1

(A)2 小时 30 分　　　　　(B)2 小时 45 分
(C)3 小时 30 分　　　　　(D)3 小时 45 分

2. 在 2012 年,1 月 1 日是星期日,并且( ).
(A)1 月份有 5 个星期三,2 月份只有 4 个星期三
(B)1 月份有 5 个星期三,2 月份也有 5 个星期三
(C)1 月份有 4 个星期三,2 月份也有 4 个星期三
(D)1 月份有 4 个星期三,2 月份有 5 个星期三

3. 有大小不同的 4 个数,从中任取 3 个数相加,所得到的和分别是 180、197、208 和 222.那么,第二小的数所在的和一定不是( ).
(A)180　　　(B)197　　　(C)208　　　(D)222

4. 四百米比赛进入冲刺阶段,甲在乙前面 30 米,丙在丁后面 60 米,乙在丙前面 20 米.这时,跑在最前面的两位同学相差( )米.
(A)10　　　(B)20　　　(C)50　　　(D)60

5. 在图 2 所示的两位数的加法算式中,已知,$A + B + C + D = 22$,则 $X + Y = ($ $)$.

$$\begin{array}{r} A\ B \\ +\ C\ D \\ \hline X\ Y\ 9 \end{array}$$

图 2

(A)2 　　(B)4 　　(C)7 　　(D)13

6. 小明在正方形的边上标出若干个点,每条边上恰有 3 个,那么所标出的点最少有(   )个.

(A)12 　　(B)10 　　(C)8 　　(D)6

二、填空题(每小题 10 分,满分 40 分)

7. 如图 3,用一条线段把一个周长是 30 厘米的长方形分割成一个正方形和一个小的长方形. 如果小长方形的周长是 16 厘米,则原来长方形的面积是_____平方厘米.

8. 将 10,15,20,30,40 和 60 填入图 4 的圆圈中,使 A,B,C 三个小三角形顶点上的 3 个数的乘积都相等. 那么相等的积最大为_____.

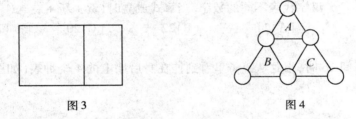

图 3　　　　　　　　　图 4

9. 用 3,5,6,18,23 这五个数组成一个四则运算式,得到的非零自然数最小是_____.

10. 里山镇到省城的高速路全长 189 千米,途经县城. 县城距离里山镇 54 千米. 早上 8:30 一辆客车从里山镇开往县城,9:15 到达,停留 15 分钟后开往省城,午前 11:00 能够到达. 另有一辆客车于当日早上 9:00 从省城径直开往里山镇,每小时行驶 60 千米. 那么两车相遇时,省城开往里山镇的客车行驶了_____分钟.

初赛笔试版试题

一、选择题(每小题 10 分,以下每题的四个选项中,仅有一个是正确的,请将表示正确答案的英文字母写在每题的圆括号内)

放 鞭 炮

+ 迎 龙 年

——————

贺 新 春

图 1

1. 在图 1 的加法算式中,每个汉字代表一个非零数字,不同的汉字代表不同的数字.当算式成立时,贺 + 新 + 春 =(   ).

 (A)24 (B)22 (C)20 (D)18

2. 北京时间 16 时,小龙从镜子里看到挂在身后墙上的 4 个钟表(如图 2),其中最接近 16 时的是(   ).

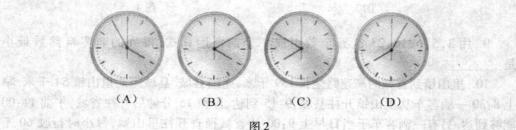

 (A)   (B)   (C)   (D)

图 2

3. 平面上有四个点,任意三个点都不在一条直线上.以这四个点为端点连接六条线段,在所组成的图形中,最少可以形成(   )个三角形.

 (A)3 (B)4 (C)6 (D)8

4. 在 10□10□10□10□10 的四个□中填入" + "" - "" × "" ÷ "运算符号各一个,所成的算式的最大值是(   ).

 (A)104 (B)109 (C)114 (D)119

5. 牧羊人用 15 段每段长 2 米的篱笆,一面靠墙围成一个正方形或长方形羊圈,则羊圈的最大面积是(   )平方米.

 (A)100 (B)108 (C)112 (D)122

6. 小虎在 19 × 19 的围棋盘的格点上摆棋子,先摆成了一个长方形的实心点阵.然后再加上 45 枚棋子,就正好摆成一边不变的较大的长方形的实心点阵.那么小虎最多用了(   )枚棋子.

 (A)285 (B)171 (C)95 (D)57

二、填空题(每小题10分,满分40分)

7. 三堆小球共有2012颗,如果从每堆取走相同数目的小球以后,第二堆还剩下17颗小球,并且第一堆剩下的小球数是第三堆剩下的2倍,那么第三堆原有_____颗小球.

8. 图3的计数器三个档上各有10个算珠,将每档算珠分成上下两部分,按数位得到两个三位数,要求上面的三位数的数字不同,且是下面三位数的倍数,那么满足题意的上面的三位数是_____.

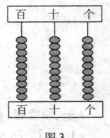

图3

9. 把一块长90厘米、宽42厘米的长方形纸板恰无剩余地剪成边长都是整数厘米、面积都相等的小正方形纸片,最少能剪出_____块,这种剪法剪成的所有正方形纸片的周长之和是_____厘米.

10. 体育馆正在进行乒乓球单打、双打比赛,双打比赛的运动员比单打的运动员多4名,比赛的乒乓球台共有13张,那么双打比赛的运动员有_____名.

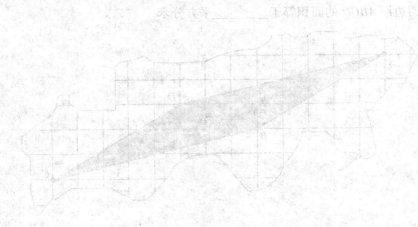

决赛网络版试题

一、填空题(每小题 10 分,共 80 分)

1. 计算: $28 \times 7 \times 25 + 12 \times 7 \times 25 + 7 \times 11 \times 3 + 44 =$ _____.

2. 字母 A,B,C 分别代表 1~9 中不同的数字. 在使得图 1 的加法算式成立的所有情形中,三个字母 A,B,C 都不可能取到的数字的乘积是_____.

$$\begin{array}{r} A \\ + \quad A \quad B \\ \hline B \quad C \end{array}$$

图 1

3. 鸡兔同笼,共有头 51 个,兔的总脚数比鸡的总脚数的 3 倍多 4 只,那么笼中共有兔子_____只.

4. 抽屉里有若干个玻璃球,小军每次操作都取出抽屉中球数的一半再放回 1 个球. 如此操作了 2012 次后,抽屉里还剩有 2 个球. 那么原来抽屉里有_____个球.

5. 图 2 是由 1 平方分米的正方形瓷砖铺砌的墙面的残片. 图中由格点 A,B,C,D 为顶点的四边形 $ABCD$ 的面积等于_____平方分米.

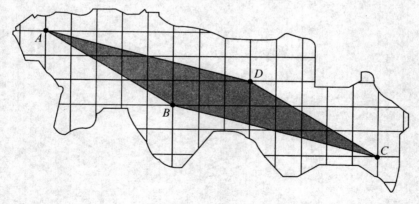

图 2

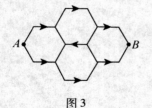

图 3

6. 一只小虫在图 3 所示的线路中从 A 爬到 B. 规定:小虫只能沿图中所标示的箭头方向行进,而且每条边在同一路线中至多容许小虫通过一次.那么小虫从 A 到 B 的不同路线有_____条.

7. 有一些自然数,它们中的每一个与 7 相乘,其积的末尾四位数都为 2012,那么在这些自然数中,最小的数是_____.

8. 将棱长为 1 米的正方体木块分割成棱长为 1 厘米的小正方体积木,设想孙悟空施展神力将所有的小积木一个接一个地叠放起来,成为一根长方体"神棒",直指蓝天.已知珠穆朗玛峰的海拔高度为 8844 米,则"神棒"的高度超过珠穆朗玛峰的海拔高度_____米.

二、回答下列各题(每小题 10 分,共 40 分,写出答案即可)

9. 已知被除数比除数大 78,并且商是 6,余数是 3,求被除数与除数之积.

10. 今年甲、乙两人年龄的和是 70 岁.若干年前,当甲的年龄只有乙现在这么大时,乙的年龄恰好是甲的年龄的一半.问:甲今年多少岁?

11. 有三个连续偶数,它们的乘积是一个五位数,该五位数个位是 0,万位是 2,十位、百位和千位是三个不同的数字,那么这三个连续偶数的和是多少?

12. 在等式
$$\overline{爱国} \times \overline{创新} \times \overline{包容} + \overline{厚德} = \overline{北京精神}$$
中,每个汉字代表 0~9 的一个数字,爱、国、创、新、包、容、厚、德分别代表不同的数字.当四位数北京精神最大时,厚德为多少?

决赛笔试试题 A 卷

一、填空题(每小题 10 分,共 80 分)

1. 若将一个边长为 6 厘米的正方形盖在一个三角形上,则两个图形重叠部分的面积占三角形面积的一半,占正方形面积的三分之二.那么这个三角形的面积是_____平方厘米.

2. 图 1 是两个两位数的减法竖式,其中 A,B,C,D 代表不同的数字.当被减数 $\overline{AB}$ 取最大值时,$A \times B + (C+E) \times (D+F) = $ _____.

3. 某水池有 A,B 两个水龙头.如果 A,B 同时打开需要 30 分钟可将水池注满.现在 A 和 B 同时打开 10 分钟,即将 A 关闭,由 B 继续注水 80 分钟,也可将水池注满.如果单独打开 B 龙头注水,需要_____分钟才可将水池注满.

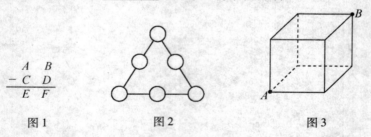

图 1　　　　　　　图 2　　　　　　　图 3

4. 将六个数 1,3,5,7,9,11 分别填入图 2 中的圆圈内(每个圆圈内仅填一个数),使每边上三个数的和都等于 17,则三角形三个顶点处的圆圈内所填三数之和为_____.

5. 四年级(1)班用班费购买单价分别为 3 元、2 元、1 元的甲、乙、丙三种文具.要求购买乙种文具的件数比购买甲种文具的件数多 2 件,且购买甲种文具的费用不超过总费用的一半.若购买的文具恰好用了 66 元,则甲种文具最多可买_____件.

6. 如图 3 所示,一只蚂蚁从正方体的顶点 A 出发,沿正方体的棱爬到顶点 B,要求行走的路线最短,那么蚂蚁有_____种不同的走法.

7. 一个车队以 4 米/秒的速度缓慢通过一座长 298 米的大桥,共用 115 秒,已知每辆车长 6 米,相临两车间隔 20 米,则这个车队一共有_____辆车.

8. 有一个长方形,如果它的长和宽同时增加 6 厘米,则面积增加了 114 平方厘米.那么这个长方形的周长等于_____厘米.

二、简答题(每小题 15 分,共 60 分,要求写出简要过程)

9. 扑克牌的点数如图 4 所示,最大是 13,最小是 1.现小明手里有 3 张点数不同的扑克牌,第一张和第二张扑克牌点数和是 25,第二张和第三张扑克牌点数和是 13,问:第三张扑克牌的点数是多少?

1 2 3 4 5 6 7 8 9 10 11 12 13

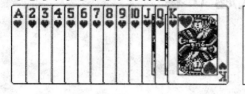

图 4

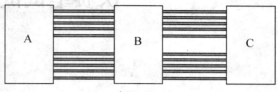

图 5

10. 图 5 是一个净化水装置,水流方向为从 A 先流向 B,再流到 C.原来容器 A–B 之间有 10 个流量相同的管道,B–C 之间也有 10 个流量相同的管道.现调换了 A–B 与 B–C 之间的一个管道后,流量每小时增加了 40 立方米.问:通过调整管道布局,从 A 到 C 的流量最大可增加多少立方米?

11. 图 6 中的一个长方形纸板每个角上都被切掉了一个小长方形(含正方形),如果被切掉的小长方形的 8 对对边的长度分别是一个 1,四个 2,两个 3 和一个 4,那么纸板剩下部分的面积最大是多少?

12. 有 20 张卡片,每张上写一个大于 0 的自然数,且任意 9 张上写的自然数的和都不大于 63.若称写有大于 7 的自然数的卡片为"龙卡",问:这 20 张卡片中"龙卡"最多有多少张?所有"龙卡"上写的自然数的和的最大值是多少?

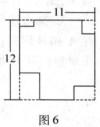

图 6

决赛笔试试题 B 卷

一、填空题(每小题 10 分,共 80 分)

1. 若将一个边长为 8 厘米的正方形盖在一个三角形上,则两个图形重叠部分的面积占三角形面积的一半,占正方形面积的四分之三.那么这个三角形的面积是_____平方厘米.

2. 在图 1 的算式中,每个字母代表一个 1 至 9 之间的数,不同的字母代表不同的数字,则 $A + B + C =$ _____.

3. 某水池有 A,B 两个水龙头.如果 A,B 同时打开需要 30 分钟可将水池注满.现在 A 和 B 同时打开 10 分钟,即将 A 关闭,由 B 继续注水 40 分钟,也可将水池注满.如果单独打开 B 龙头注水,需要_____分钟才可将水池注满.

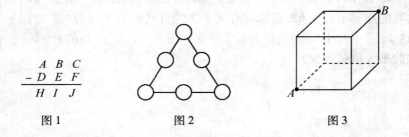

$$\begin{array}{r} A\ B\ C \\ -\ D\ E\ F \\ \hline H\ I\ J \end{array}$$

图 1　　　　　　图 2　　　　　　图 3

4. 将六个数 1,3,5,7,9,11 分别填入图 2 中的圆圈内(每个圆圈内仅填一个数),使每边上三个数的和都等于 19,则三角形三个顶点处的圆圈内所填三数之和为_____.

5. 四年级一班用班费购买单价分别为 3 元、2 元、1 元的甲、乙、丙三种文具.已知购买乙种文具的件数比购买甲种文具的件数少 2 件,且购买甲种文具的费用不超过总费用的一半.若购买的三种文具恰好共用了 66 元,那么乙种文具最多购买了_____件.

6. 如图 3 所示,一只蚂蚁从正方体的顶点 A 出发,沿正方体的棱爬到顶点 B,要求行走的路线最短,那么蚂蚁有_____种不同的走法.

7. 每枚正方体骰子相对面的点数和都是 7. 如图 4 摆放的三枚骰子，你只能看到七个面的点数，那么你从该图中看不见的所有面的点数和是_____.

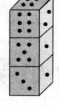

8. 十个不同奇数的平方之和的最小值与这个最小值被 4 除的余数之差是_____.

（注：相同的两个自然数的乘积叫做这个自然数的平方，如 $1 \times 1 = 1^2$，$2 \times 2 = 2^2$，$3 \times 3 = 3^2$，类推）

图 4

二、简答题（每题 15 分，共 60 分，要求写出简要过程）

9. 商店进了一批钢笔，如果用零售价 7 元卖出 20 支与用零售价 8 元卖出 15 支所赚的钱数相同. 那么每支钢笔的进货价是多少元？

10. 十个互不相同的非零自然数之和等于 102，那么其中最大的两个数之和的最大值等于多少？其中最小的两个数之和的最小值等于多少？

11. 图 5 是一个净化水装置，水流方向为从 A 先流向 B，再流到 C. 原来容器 A–B 之间有 10 个流量相同的管道，B–C 之间有 10 个流量相同的管道. 现调换了 A–B 与 B–C 之间的一个管道后，流量每小时增加了 30 立方米. 问：通过调整管道布局，从 A 到 C 的流量最大可增加多少立方米？

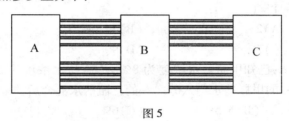

图 5

12. 称四位数 $dcba$ 是四位数 $abcd$ 的反序数. 如 1325 是 5231 的反序数，2001 是 1002 的反序数. 问：一个四位数与它的反序数的差能等于 1008 吗？如果能，请写出一例；如果不能，请简述理由.

初赛网络版试题

一、选择题（每小题 10 分，以下每题的四个选项中，仅有一个是正确的，请将表示正确答案的英文字母写在每题的圆括号内）

$$\begin{array}{r} A\ B \\ +\ C\ D \\ \hline X\ Y\ 9 \end{array}$$

图 1

1. 图 1 是一个两位数的加法算式，已知 $A+B+C+D=22$，则 $X+Y=($)．

(A)2　　　　　　　(B)4

(C)7　　　　　　　(D)9

2. 已知甲瓶盐水浓度为 8%，乙瓶盐水浓度为 5%，混合后浓度为 6.2%．那么四分之一的甲瓶盐水与六分之一的乙瓶盐水混合后的浓度则为( )．

(A)7.5%　　(B)5.5%　　(C)6%　　(D)6.5%

3. 两个数的最大公约数是 20，最小公倍数是 100，下面说法正确的有( )个．

(1)两个数的乘积是 2000．

(2)两个数都扩大 10 倍，最大公约数扩大 100 倍．

(3)两个数都扩大 10 倍，最小公倍数扩大 10 倍．

(4)两个数都扩大 10 倍，两个数乘积扩大 100 倍．

　　　(A)1　　　(B)2　　　(C)3　　　(D)4

4. 将 39,41,44,45,47,52,55 这 7 个数重新排成一列，使得其中任意相邻的三个数的和都为 3 的倍数．在所有这样的排列中，第四个数的最大值是( )．

　　　(A)44　　　(B)45　　　(C)47　　　(D)52

5. 如图 2 所示，在 5×8 的方格中，阴影部分的面积为 37 平方厘米，则非阴影部分的面积为( )平方厘米．

　　　(A)43　　　(B)74　　　(C)80　　　(D)111

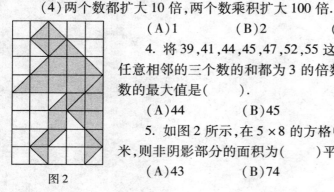

图 2

6. 在由 1,3,4,7,9 组成的没有重复数字的数中,是 9 的倍数的有( )个.
（A）1   （B）2   （C）3   （D）4

二、填空题(每小题 10 分,满分 40 分)

7. 满足下列两个条件的四位数共有_____个:
（1）任意相邻两位数字之和均不大于 2;
（2）任意相邻三位数字之和均不小于 3.

8. 在 17□17□17□17□17 的四个□中填入" + "、" − "、" × "、" ÷ "运算符号各一个,所成的算式的最大值是_____.

9. 图 3 中,ABC 是一个钝角三角形,$BC = 6$ 厘米,$AB = 5$ 厘米,BC 边的高 AD 等于 4 厘米. 若此三角形以每秒 3 厘米的速度沿 DA 的方向向上移动,2 秒后,此三角形扫过的面积是_____平方厘米.

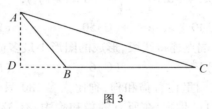

图 3

10. 一条路上有 A, O, B 三个地点,O 在 A 与 B 之间,A 与 O 相距 1360 米. 甲、乙两人同时分别从 A 和 O 点出发向 B 点行进. 出发后第 10 分钟,甲、乙两人离 O 点的距离相等;第 40 分钟甲与乙两人在 B 点相遇. 那么 O 与 B 两点的距离是_____米.

初赛笔试版试题

一、选择题(每小题 10 分,以下每题的四个选项中,仅有一个是正确的,请将表示正确答案的英文字母写在每题的圆括号内)

1. 计算:$\left[\left(0.8+\dfrac{1}{5}\right)\times 24+6.6\right]\div\dfrac{9}{14}-7.6=($).

（A）30   （B）40   （C）50   （D）60

2. 以平面上 4 个点为端点连接线段,形成的图形中最多可以有(   )个三角形.

（A）3   （B）4   （C）6   （D）8

3. 一个奇怪的动物庄园里住着猫和狗,狗比猫多 180 只. 有 20% 的狗错认为自己是猫;有 20% 的猫错认为自己是狗. 在所有的猫和狗中,有 32% 认为自己是猫,那么狗有(   )只.

（A）240   （B）248   （C）420   （D）842

4. 图 1 中的方格纸中有五个编号为 1,2,3,4,5 的小正方形,将其中的两个涂上阴影,与图中阴影部分正好组成一个正方体的展开图,这两个正方形的编号可以是(   ).

（A）1,2   （B）2,3   （C）3,4   （D）4,5

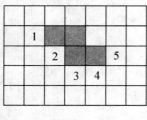

$$\begin{array}{r}
A\ B\ C\\
+\ D\ E\ F\\
\hline
H\ I\ J
\end{array}$$

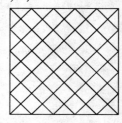

图 1   图 2   图 3

5. 在图 2 所示的算式中,每个字母代表一个非零数字,不同的字母代表不同的数字,则和的最小值是(   ).

（A）369   （B）396   （C）459   （D）549

6. 图 3 由相同的正方形和相同的等腰直角三角形构成,则正方形的个数为(   ).

（A）83   （B）79   （C）72   （D）65

二、填空题(每小题 10 分,满分 40 分)

7. 图 4 的计数器三个档上各有 10 个算珠,将每档算珠分成上下两部分,得到两个三位数.要求上面部分是各位数字互不相同的三位数,且是下面三位数的倍数,则上面部分的三位数是_____.

8. 四支排球队进行单循环比赛,即每两队都要赛一场,且只赛一场.如果一场比赛的比分是 3:0 或 3:1,则胜队得 3 分,负队得 0 分;如果比分是 3:2,则胜队得 2 分,负队得 1 分.比赛的结果各队得分恰好是四个连续的自然数,则第一名的得分是_____分.

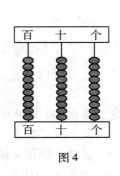

图 4

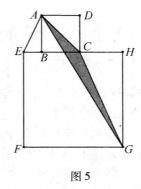

图 5

9. 甲、乙两车分别从 A,B 两地同时出发,且在 A,B 两地往返来回匀速行驶.若两车第一次相遇后,甲车继续行驶 4 小时到达 B,而乙车只行驶了 1 小时就到达 A,则两车第 15 次(在 A,B 两地相遇次数不计)相遇时,它们行驶了_____小时.

10. 正方形 $ABCD$ 的面积为 9 平方厘米,正方形 $EFGH$ 的面积为 64 平方厘米.如图 5 所示,边 BC 落在 EH 上.已知三角形 ACG 的面积为 6.75 平方厘米,则三角形 ABE 的面积为_____平方厘米.

决赛网络版试题

一、填空题(每小题 10 分,共 80 分)

1. 算式 $\frac{3}{2} \times \left[2\frac{2}{3} \times \left(1.875 - \frac{5}{6} \right) \right] \div \left[\left(0.875 + 1\frac{5}{6} \right) \div 3\frac{1}{4} \right]$ 的值为_____.

2. 小龙的妈妈比爸爸小 3 岁,妈妈今年的年龄是小龙今年的 9 倍,爸爸明年的年龄是小龙明年的 8 倍,那么爸爸今年_____岁.

3. 某水池有 A,B 两个排水龙头.同时打开两个龙头排水,30 分钟可将满池的水排尽;同时打开两个龙头排水 10 分钟,然后关闭 A 龙头,B 龙头继续排水,30 分钟后也可以将满池的水排尽.那么单独打开 B 龙头,需要_____分钟才能排尽满池的水.

4. 如图 1,圆 O 的面积为 32,$OC \perp AB$,$\angle AOE = \angle EOD$,$\angle COF = \angle FOD$,则扇形 EOF 的面积为_____.

5. 算式

$$\frac{50}{11} + \frac{55}{12} + \frac{60}{13} + \frac{65}{14} + \frac{70}{15} + \frac{75}{16} + \frac{80}{17} + \frac{85}{18} + \frac{90}{19} + \frac{95}{20}$$

的值的整数部分为_____.

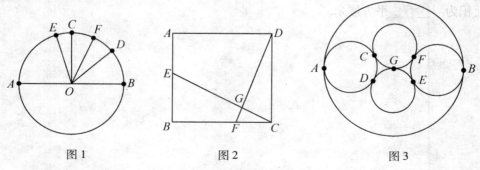

图 1　　　　　图 2　　　　　图 3

6. 图 2 中,正方形 $ABCD$ 的面积为 840 平方厘米,$AE = EB$,$BF = 2FC$,DF 与 EC 相交于 G. 则四边形 $AEGD$ 的面积为_____平方厘米.

7. 一个自然数无论从左向右或从右向左读都是一样的数称之为"回文数",例如:909. 那么所有三位"回文数"的平均数是_____.

8. 将七个连续自然数分别填在图 3 中五个圆的交点 A,B,C,D,E,F,G 处,使得每个圆上的数的和都相等. 如果所填的数都大于 0 且不大于 10,则填在点 G 处的数是_____.

二、回答下列各题(每小题 10 分,共 40 分,写出答案即可)

9. 一只小虫在图 4 所示的线路中从 A 爬到 B. 规定:小虫只能沿图中所标示的箭头方向行进,而且每条边在同一路线中至多容许小虫通过一次. 那么小虫从 A 到 B 的不同路线有_____条.

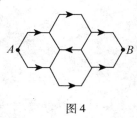

图 4

10. 图 5 是由 1 平方分米的正方形瓷砖铺砌的墙面的残片. 问:图中由格点 A,B,C,D 为顶点的四边形 $ABCD$ 的面积等于多少平方分米?

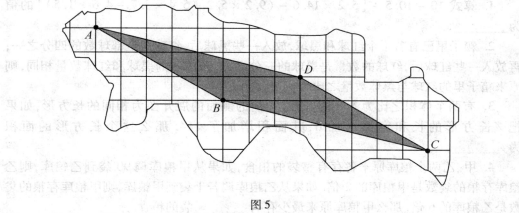

图 5

11. 在等式

$$\overline{爱国} \times \overline{创新} \times \overline{包容} + \overline{厚德} = \overline{北京精神}$$

中,每个汉字代表 0~9 的一个数字,爱、国、创、新、包、容、厚、德分别代表不同的数字. 当四位数北京精神最大时,厚德为多少?

12. 求最小的自然数,它恰好能表示成四种不同的不少于两个的连续非零自然数之和.

决赛笔试试题 A 卷

一、填空题(每小题 10 分,共 80 分)

1. 算式 $10 - 10.5 \div [5.2 \times 14.6 - (9.2 \times 5.2 + 5.4 \times 3.7 - 4.6 \times 1.5)]$ 的值为_____.

2. 箱子里已有若干个红球和黑球,放入一些黑球后,红球占全部球数的四分之一;再放入一些红球后,红球的数量是黑球的三分之二.若放入的黑球和红球数量相同,则原来箱子里的红球与黑球数量之比为_____.

3. 有两个体积之比为 5∶8 的圆柱,它们的侧面的展开图为相同的长方形,如果把该长方形的长和宽都增加 6,其面积增加了 114.那么这个长方形的面积为_____.

4. 甲、乙两个粮库原来各存有整袋的粮食,如果从甲粮库调 90 袋到乙粮库,则乙粮库存粮的袋数是甲粮库的 2 倍.如果从乙粮库调若干袋到甲粮库,则甲粮库存粮的袋数是乙粮库的 6 倍.那么甲粮库原来最少存有_____袋的粮食.

5. 现有 211 名同学和四种不同的巧克力,每种巧克力的数量都超过 633 颗.规定每名同学最多拿三颗巧克力,也可以不拿.若按照所拿巧克力的种类和数量都是否相同分组,则人数最多的一组至少有_____名同学.

6. 张兵 1953 年出生,在今年之前的某一年,他的年龄是 9 的倍数并且是这一年的各位数字之和,那么这一年他_____岁.

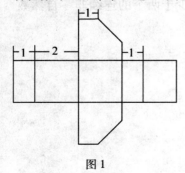

图 1

7. 图 1 是一个五棱柱的平面展开图,图中的正方形边长都为 2.按图所示数据,这个五棱柱的体积等于_____.

8. 在乘法算式

$$\overline{草绿} \times \overline{花红了} = \overline{春光明媚}$$

中,汉字代表非零数字,不同汉字代表不同的数字,那么 $\overline{春光明媚}$ 所代表的四位数最小是_____.

二、解答下列各题(每小题 10 分,共 40 分,要求写出简要过程)

9. 如图 2,$ABCD$ 是平行四边形,E 为 AB 延长线上一点,K 为 AD 延长线上一点. 连接 BK,DE 相交于一点 O. 问:四边形 $ABOD$ 与四边形 $ECKO$ 的面积是否相等?请说明理由.

10. 能否用 500 个图 3 所示的 1×2 的小长方形拼成一个 5×200 的大长方形,使得 5×200 的长方形的每一行、每一列都有偶数个星?请说明理由.

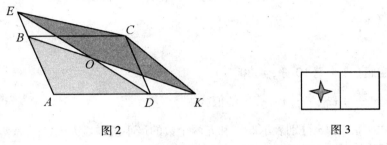

图 2   图 3

11. 将一个 $2n$ 位数的前 n 位数和后 n 位数各当成一个数,如果这两个数之和的平方正好等于这个 $2n$ 位数,则称这个 $2n$ 位数为卡布列克(Kabulek)怪数,例如,$(30 + 25)^2 = 3025$,所以 3025 是一个卡布列克怪数. 请问在四位数中有哪些卡布列克怪数?

12. 已知 98 个互不相同的质数 $p_1, p_2, \cdots, p_{98}$,记 $N = p_1^2 + p_2^2 + \cdots + p_{98}^2$,问:$N$ 被 3 除的余数是多少?

三、解答下列各题(每小题 15 分,共 30 分,要求写出详细过程)

13. 小李和小张在一个圆形跑道上匀速跑步,两人同时同地出发,小李顺时针跑,每 72 秒跑一圈;小张逆时针跑,每 80 秒跑一圈. 在跑道上划定以起点为中心的 $\frac{1}{4}$ 圆弧区间,那么会出现多次两人同时都在划定的区间内跑的情形,每次持续的时间可能长短不一. 问:所有可能持续的时间各为多少秒?

14. 把一个棱长均为整数的长方体的表面都涂上红色,然后切割成棱长为 1 的小立方块,其中,两面有红色的小立方块有 40 块,一面有红色的小立方块有 66 块,那么这个长方体的体积是多少?

决赛笔试试题 B 卷

一、填空题(每小题 10 分,共 80 分)

1. 算式 $\dfrac{46}{75} \div \left(\dfrac{5}{12} + \dfrac{11}{15} \right) - \dfrac{12}{55}$ 的值为_____.

2. 设 $a \triangle b$ 和 $b \triangledown a$ 分别表示取 a 和 b 两个数的最小值和最大值,如 $3 \triangle 4 = 3$,$3 \triangledown 4 = 4$.那么对于不同的数 x,$5 \triangledown (4 \triangledown (x \triangle 4))$ 的取值共有_____个.

3. 里山镇到省城的高速路全长 189 千米,途经县城,里山镇到县城 54 千米.早上 8:30,一辆客车从里山镇开往县城,9:15 到达,停留 15 分钟后开往省城,11:00 到达.另有一辆客车于同天早上 8:50 从省城径直开往里山镇,每小时行驶 60 千米.那么两车相遇的时间为_____.

4. 有高度相同的一段方木和一段圆木,如图 1 所示,体积之比是 1:1.如果将方木加工成尽可能大的圆柱,将圆木加工成尽可能大的长方体,则得到的圆柱体积和长方体的体积的比值为_____.

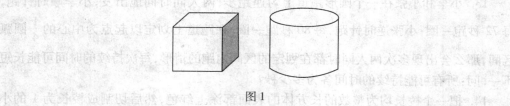

图1

5. 用 $[x]$ 表示不超过 x 的最大整数,记 $\{x\} = x - [x]$,则算式

$$\left\{ \frac{2012+1}{5} \right\} + \left\{ \frac{2012+2}{5} \right\} + \left\{ \frac{2012+3}{5} \right\} + \cdots + \left\{ \frac{2012+2012}{5} \right\}$$

的值为_____.

6. 某个水池存有其容量的十八分之一的水.两条注水管同时向水池注水,当水池的水量达到九分之二时,第一条注水管开始单独向水池注水,用时 81 分钟,所注入的水量等于第二条注水管已注入水池内的水量.然后第二条注水管单独向水池注水 49 分钟,此时,两条注水管注入水池的总水量相同.之后,两条注水管都继续向水池注水.那么两条注水管还需要一起注水_____分钟,方能将水池注满.

7. 有 16 位选手参加象棋晋级赛,每两人都只赛一盘.每盘胜者积 1 分,败者积 0 分.如果和棋,每人各积 0.5 分.比赛全部结束后,积分不少于 10 分者晋级.那么本次比赛后最多有_____位选手晋级.

8. 平面内有 5 个点,其中任意 3 个点均不在同一条直线上,以这些点为端点连接线段,则除这 5 个点外,这些线段至少还有_____个交点.

二、解答下列各题(每小题 10 分,共 40 分,要求写出简要过程)

9. 能否用 540 个图 2 所示的 1×2 的小长方形拼成一个 6×180 的大长方形,使得 6×180 的长方形的每一行、每一列都有奇数个星? 请说明理由.

图 2

10. 已知 100 个互不相同的质数 $p_1, p_2, \cdots, p_{100}$,记 $N = p_1^2 + p_2^2 + \cdots + p_{100}^2$,问:$N$ 被 3 除的余数是多少?

11. 王大妈拿了一袋硬币去银行兑换纸币,袋中有一分、二分、五分和一角四种硬币,二分硬币的枚数是一分的 $\frac{3}{5}$,五分硬币的枚数是二分的 $\frac{3}{5}$,一角硬币的枚数是五分的 $\frac{3}{5}$ 少 7 枚.王大妈兑换到的纸币恰好是大于 50 小于 100 的整元数.问这四种硬币各有多少枚?

12. 图 3 是一个三角形网格,由 16 个小的等边三角形构成.将网格中由 3 个相邻小三角形构成的图形称为"3 – 梯形".如果在每个小三角形内填上数字 1~9 中的一个,那么能否给出一种填法,使得任意两个"3 – 梯形"中的 3 个数之和均不相同? 如果能,请举出一例;如果不能,请说明理由.

图 3

三、解答下列各题(每小题 15 分,共 30 分,要求写出详细过程)

13. 请写出所有满足下面三个条件的正整数 a 和 b:1)$a \leqslant b$;2)$a + b$ 是个三位数,且三个数字从小到大排列等差;3)$a \times b$ 是一个五位数,且五个数字相同.

14. 记 100 个自然数 $x, x+1, x+2, \cdots, x+99$ 的和为 a,如果 a 的数字和等于 50,则 x 最小为多少?

决赛笔试试题 C 卷

一、填空题(每小题 10 分，共 80 分)

1. 算式 $\dfrac{46}{75} \div \left(\dfrac{5}{12} + \dfrac{11}{15} \right) - \dfrac{7}{30}$ 的值为 _____.

2. 箱子里已有若干个红球和黑球，放入一些黑球后，红球占全部球数的四分之一；再放入一些红球后，红球的数量是黑球的二分之一. 若放入的黑球和红球数量相同，则原来箱子里的红球与黑球数量之比为 _____.

3. 设某圆锥的侧面积是 10π，表面积是 19π，则它的侧面展开图的圆心角是 _____.

4. 设 $a \triangle b$ 和 $a \triangledown b$ 分别表示取 a 和 b 两个数的最小值和最大值，如 $3 \triangle 4 = 3, 3 \triangledown 4 = 4$.那么对于不同的数 x，$6 \triangle (4 \triangledown (x \triangle 5))$ 的取值共有 _____ 个.

5. 某水池有 A，B 两个水龙头. 如果 A，B 同时打开需要 30 分钟可将水池注满. 现在 A 和 B 同时打开 10 分钟后，将 A 关闭，由 B 继续注水 80 分钟，也可将水池注满. 那么单独打开 B 龙头注水，需要 _____ 分钟才可将水池注满.

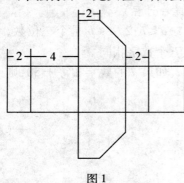

图 1

6. 图 1 是一个五棱柱的平面展开图，图中的正方形边长都为 4. 按图所示数据，这个五棱柱的体积等于 _____.

7. 一条路上有 A, O, B 三个地点，O 在 A 与 B 之间，A 与 O 相距 1620 米. 甲、乙两人同时分别从 A 和 O 点出发向 B 点行进. 出发后第 12 分钟，甲、乙两人离 O 点的距离相等；第 36 分钟甲与乙两人在 B 点相遇. 那么 O 与 B 两点的距离是 _____ 米.

8. 从 1 到 1000 中最多可以选出 _____ 个数，使得这些数中任意两个数的差都不整除它们的和.

二、解答下列各题(每题 10 分，共 40 分，要求写出简要过程)

9. 一个四位数与它的反序数之差可否为 1008？请说明理由.

10. 已知 99 个互不相同的奇数 $p_1, p_2, \cdots, p_{99}$，记 $N = p_1^2 + p_2^2 + \cdots + p_{99}^2$，问：$N$ 被 3 除的余数是多少？

11. 能否用 500 个图 2 所示的 1×2 的小长方形拼成一个 5×200 的大长方形,使得 5×200 的长方形每一行都有偶数个星、每一列都有奇数个星? 请说明理由.

图 2

12. 小明拿着 100 元人民币去商店买文具,回来后数了数找回来的人民币有 4 张不同面值的纸币,4 枚不同的硬币.纸币面值大于等于 1 元,硬币的面值小于 1 元,并且所有纸币的面值和以"元"为单位可以被 3 整除,所有硬币的面值的和以"分"为单位可以被 7 整除,问小明最多用了多少钱?

(注:商店有面值为 50 元、20 元、10 元、5 元和 1 元纸币,面值为 5 角、1 角、5 分、2 分和 1 分的硬币找零.)

三、解答下列各题(每小题 15 分,共 30 分,要求写出详细过程)

13. 图 3 中,$ABCD$ 是平行四边形,E 在 AB 边上,F 在 DC 边上,G 为 AF 与 DE 的交点,H 为 CE 与 BF 的交点.已知,平行四边形 $ABCD$ 的面积是 1,$\dfrac{AE}{EB} = \dfrac{1}{4}$,三角形 BHC 的面积是 $\dfrac{1}{8}$,求三角形 ADG 的面积.

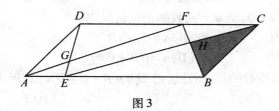

图 3

14. 记 1000 个自然数 $x, x+1, x+2, \cdots, x+999$ 的和为 a,如果 a 的数字和等于 50,则 x 最小为多少?

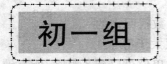

初赛网络版试题

一、选择题（每小题 10 分，以下每题的四个选项中，仅有一个是正确的，请将表示正确答案的英文字母写在每题的圆括号内）

1. 若 $ab<0, a-b>0$，则 a, b 两数的正负情况为（　　）．

（A）$a>0, b<0$ 　　　　　　（B）$a>0, b>0$

（C）$a<0, b>0$ 　　　　　　（D）$a<0, b<0$

2. 图 1 是一个两位数的加法算式，已知 $A+B+C+D=22$，则 $X+Y$（　　）．

（A）13 　　　（B）7 　　　（C）4 　　　（D）2

3. 图 2 中，ABC 是一个钝角三角形，$BC=6$ 厘米，$AB=5$ 厘米，BC 边上的高 AD 为 4 厘米．若此三角形以每秒 3 厘米的速度沿 DA 所在直线向上移动，2 秒后，此三角形扫过的面积是（　　）平方厘米．

（A）36 　　　（B）54 　　　（C）60 　　　（D）66

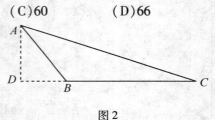

$$\begin{array}{r} A\ \ B \\ +\ \ C\ \ D \\ \hline X\ Y\ 9 \end{array}$$

图 1　　　　　　　　　　　　　　　　图 2

4. 在 $10\square10\square10\square10\square10$ 的四个"$\square$"中分别填入"$+$"、"$-$"、"$\times$"、"$\div$"运算符号各一次，所成的算式的值的最小值为（　　）．

（A）-84 　　　（B）-89 　　　（C）-94 　　　（D）-99

5. 已知甲瓶盐水浓度为 8%，乙瓶盐水浓度为 5%，混合后浓度为 6.2%．那么四分之一的甲瓶盐水与六分之一的乙瓶盐水混合后的浓度为（　　）．

（A）5.5% 　　　（B）6% 　　　（C）6.5% 　　　（D）7.5%

6. 将 2012 表示为 n 个连续的自然数之和$(n \geq 2)$,则 n 有(   )种不同的取值.

(A)0   (B)1   (C)2   (D)3

二、填空题(每小题 10 分,满分 40 分)

7. 计算:$\dfrac{(2012^3 - 2 \times 2012^2 - 2010) \times 2013}{2012^3 + 2012^2 - 2013} = $_____.

8. 有理数 a, b, c, d 满足等式 $8a^2 + 7c^2 = 16ab$,$9b^2 + 4d^2 = 8cd$,那么 $a + b + c + d = $_____.

9. 如图 3 所示,正方形 $ABCD$ 的面积为 36 平方厘米,正方形 $EFGH$ 的面积为 256 平方厘米,三角形 ACG 的面积为 27 平方厘米,则四边形 $CDHG$ 的面积为_____平方厘米.

10. 使表达式 $\dfrac{6+m}{2m-3}$ 之值为整数的所有整数 m 之和等于_____.

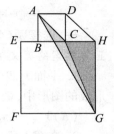

图 3

初赛笔试版试题

一、选择题(每小题 10 分,以下每题的四个选项中,仅有一个是正确的,请将表示正确答案的英文字母写在每题的圆括号内)

1. 平面上四个点,任意三个点都不在一条直线上,在连接这四个点的六条线段所形成的图形中,最少可以形成(   )个三角形.

(A)3   (B)4   (C)6   (D)8

2. 在图 1 所示的三位数加法算式中,每个字母代表非零数字,不同的字母代表不同的数字,则和"HIJ"的最小值是(   ).

(A)459   (B)457   (C)456   (D)453

3. 内角都小于 180 度的七边形的内角至少有(   )个钝角.

(A)6   (B)5   (C)4   (D)3

$$\begin{array}{r} ABC \\ +\ DEF \\ \hline HIJ \end{array}$$

图 1   图 2

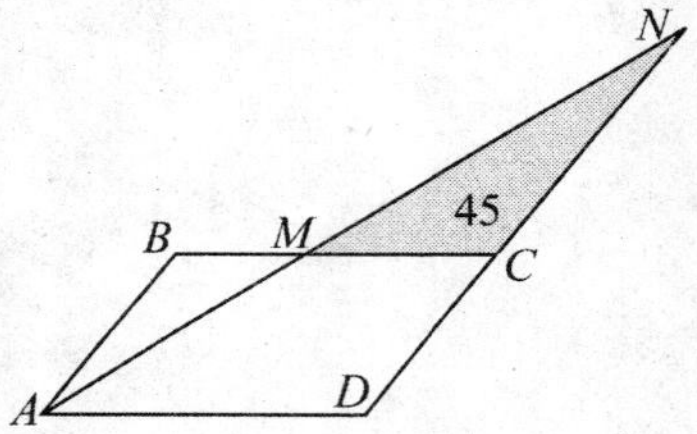

4. 四支排球队进行单循环比赛,即每两队都要赛一场,且只赛一场.如果一场比赛的比分是 3∶0 或 3∶1,则胜队得 3 分,负队得 0 分;如果比分是 3∶2,则胜队得 2 分,负队得 1 分.如果比赛后各队得分恰好是四个连续的自然数,那么第一名的得分是(   )分.

(A)3   (B)4   (C)5   (D)6

5. 如图 2 所示,M 为平行四边形 $ABCD$ 中 BC 边上一点,$BM∶MC=2∶3$.已知三角形 CMN 的面积为 45 平方厘米.则平行四边形 $ABCD$ 的面积为(   )平方厘米.

(A)30   (B)45   (C)90   (D)100

6. 如果正整数 x 与 y 使得 $\dfrac{xy^2}{x+y}$ 的值为质数,那么 $x+y$ 共有( )种可能的值.

(A)1   (B)2   (C)3   (D)4

二、填空题(每小题 10 分,满分 40 分)

7. 计算:$1.2345 \times 0.2345 \times 2.469 - 1.2345^3 - 1.2345 \times 0.2345^2 = $ _____ .

8. 已知关于 x 的一元一次方程 $7x + (3 + x) = k + bx$ 方程有非零解,且这个方程的解是方程 $7x + (3 + x) = k - bx$ 解的 $\dfrac{1}{3}$,那么 b 的值为_____ .

9. 已知甲、乙两车分别从 A,B 两地同时出发,且在 A,B 两地往返来回匀速行驶. 若两车第一次相遇后,甲车继续行驶 4 小时到达 B,而乙车只行驶了 1 小时就到达 A,则两车第 15 次相遇(在 A,B 两地相遇次数不计)时,它们行驶了_____ 小时.

10. 设 a,b,c 代表三个不同的非零数字,由它们组成一个最大的三位数和一个最小的三位数,记这两个三位数的差为 m,且 m 的数字和恰好整除 m,则所有不同的 m 的值之和为_____ .

决赛网络版试题

一、填空题(每题 10 分,共 80 分)

1. 计算 $3\frac{3}{4} \div (-10) \div \left(4 - \frac{1}{4}\right) \times \left(\frac{2}{3} - 4\right) \div \left[-\left(-\frac{1}{3}\right)^2\right]$ 的值 = _____.

2. 如图 1 所示,绳上挂着一个风铃,分别由正三角形,正四、五、六、七、八边形和圆形的饰物组成,共重 144 克(绳子和横杆的重量忽略不计).那么,正三角形和正方形饰物的重量和是_____克.

3. 已知关于 x 的不等式 $ax + b \geq 0$ 的解集是 $x \leq \frac{1}{3}$,则满足不等式 $bx - 2a \geq 0$ 的 x 的最小值为_____.

4. 定义一个运算,

$$x^\star = \begin{cases} x, \text{当 } x > 0 \\ 0, \text{当 } x \leq 0 \end{cases},$$

如果 x 满足方程 $(x - 10)^\star + |(x^\star + 5) - 1999| = 2012$,则 x 的值为_____.

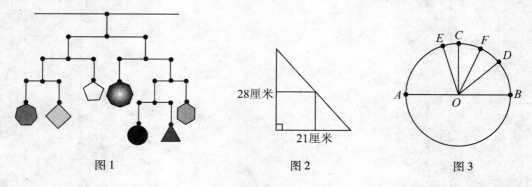

图 1　　　　　图 2　　　　　图 3

5. 如图 2 所示,一个直角三角形的两条直角边分别为 21 厘米和 28 厘米,在这个三角形内画一个正方形,正方形的一个顶点在斜边上,则这个正方形的边长是_____厘米.

6. 所有分母等于 2012 的最简真分数的和是_____.

7. 如图 3,圆 O 的面积为 32,$OC \perp AB$,$\angle AOE = \angle EOD$,$\angle COF = \angle FOD$,则扇形 EOF 的面积为_____.

8. 设 $1^2 + 2^2 + 3^2 + \cdots + 2011^2 + 2012^2$ 被 3 除的余数等于 m,而被 5 除的余数等于 n,则 $m + n = \underline{\hspace{2cm}}$.

二、回答下列各题(每题 10 分,共 40 分,写出答案即可)

9. 从甲地到乙地有 20 站,并且任何相邻两站之间的距离相同,快车和慢车每小时从甲地各发一趟,快车整点发车,慢车发车时间晚半小时.快车每站车费 5 元,慢车每站车费 2 元,但快车的速度是慢车速度的 2 倍,快车从甲地到乙地共需 2 个小时.上午九点半,一位只有 70 元钱的旅客在甲地乘车,问:他从甲地到乙地所需的最短时间为多少小时?(忽略车进出站上下乘客的时间,但旅客等车时间要计算在内.)

10. x, y 为自然数,$x > y$,满足 $x + y = 2A$,$xy = G^2$,A 和 G 都是两位数,且互为反序数,求 $x + y$ 的值.

11. 4 枚硬币中可能混有伪币,已知真币每枚重 18 克,伪币每枚重 17 克,用一台可以称出物体重量的台秤,为了鉴别出每枚硬币的真伪,至少需要做几次称重?

12. 如图 4 所示,直角三角形 ACB 的两条直角边 AC 和 BC 的长分别为 14 厘米和

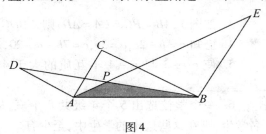

图 4

28 厘米,CA 和 CB 分别绕点 A 和 B 点旋转 $90°$ 至 DA 和 EB.若 DB 和 AE 相交于点 P,求三角形 PAB 的面积.

决赛笔试试题 A 卷

一、填空题(每小题 10 分,共 80 分)

1. 计算:$\dfrac{(-2)^4 \times (-1)^3 - |-10| \div \left[-\left(-\dfrac{1}{2} \right)^3 \right]}{-2^2 \times \left(-\dfrac{1}{8} \right) + \left[1 - 3^2 \times \left(-\dfrac{1}{2} \right) \right]} = $ _____.

2. 一串有规律排列的数,从第二项起每一项都等于 1 加前一项的倒数之和. 当第五项是 0 时,第一项是_____.

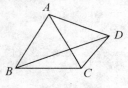

图 1

3. 如图 1,$AB = BC = CA = AD$,则 $\angle BDC = $ _____.

4. 已知 $a = b + 2c$,$b = 3c$,$c = 7b - a - 20$,那么 $b = $ _____.

5. 使 $n^3 + 3$ 与 $n - 4$ 不互质的大于 4 的最小整数 n 的值为_____.

6. 一个学校选出 5 个年级共 8 个班,从每个班至少选出一名学生,则在这些选出的学生中,至少有_____名学生,他们的同班同学比他们的同年级同学少.

7. 某个水池存有的水量是其容量的 $\dfrac{1}{18}$. 两台抽水机同时向水池注水,当水池的水量达到 $\dfrac{2}{9}$ 时,第一台抽水机开始单独向水池注水,用时 81 分钟,所注入的水量等于第二台抽水机已注入水池内的水量. 然后第二台抽水机单独向水池注水 49 分钟,此时,两台抽水机注入水池的总水量相同. 之后,两台抽水机都继续向水池注水. 那么两台抽水机还需要一起注水_____分钟,方能将水池注满水.

8. 有 16 位选手参加象棋晋级赛. 每两人都只赛一盘. 每盘胜者积 1 分,败者积 0 分. 如果和棋,每人各积 0.5 分. 比赛全部结束后,积分不少于 10 分者可以晋级. 则本次比赛最多有_____名晋级者.

二、解答下列各题(每小题 10 分,共 40 分,要求写出简要过程)

9. 解方程组
$$\begin{cases} |x + 3y| + |5x - y + 2| = 5, \\ 2x + y = 1. \end{cases}$$

10. 从 2000 年到 2099 年,有没有哪些年份可以表示成 $3^m - 3^n$ 的形式,其中 m, n 均为正整数? 如果有,请列举出来;如果没有,请说明理由.

11. 设 $[x]$ 表示不大于 x 的最大整数. 求方程

$$x \times \left[\frac{11}{x}\right] = 12$$

的解的个数及所有解 x.

12. 请你列出所有具有 $\frac{c}{a} = \frac{cbb\cdots bb}{bb\cdots bba}$ 特性的真分数 $\frac{c}{a}$,其中 a, b, c 为数字,分子中 b 的数目与分母中 b 的数目相等. 例如分数 $\frac{1}{4} = \frac{16}{64} = \frac{166}{664} = \frac{166\cdots66}{66\cdots664}$. 要求写出计算过程.

三、解答下列各题(每小题 15 分,共 30 分,要求写出详细过程)

13. 图 2 中,$ABCD$ 是平行四边形,面积是 1,F 为 DC 边上一点,E 为 AB 上一点,连接 AF, BF, DE, CE, AF 交 DE 于 G, EC 交 FB 于 H. 已知 $\frac{AE}{EB} = \frac{1}{4}$,阴影三角形 BHC 的面积是 $\frac{1}{8}$,求三角形 ADG 的面积.

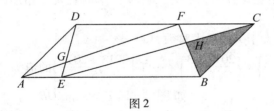

图 2

14. 平面上有从 1 到 n 编了号的 n 个点,每个点与另外 k 个点连有直线段,若一个点连的 k 条直线段的另外 k 个端点的编号中有多于一半的编号小于它自身的编号,这个点就称为"好点". 若恰有 5 个好点. 问:n 的最小值是多少?

决赛笔试试题 B 卷

一、填空题（每小题 10 分,共 80 分）

1. 计算：$\dfrac{(-2)^3 \times (-1)^4 - |-12| \div \left[-\left(-\dfrac{1}{2} \right)^2 \right]}{-2^2 \times \left(-\dfrac{1}{4} \right) + \left[1 - 3^2 \times (-2) \right]} = \underline{\qquad}$.

2. 一串有规律排列的数,从第二项起每一项都是 2 + 前一项的倒数之和. 当第五项是 20 时,第一项是_____.

3. 两条直角边相差 5 分米,且斜边为 20 分米的直角三角形的面积为_____平方分米.

4. 令 $[x]$ 表示不大于 x 的最大整数,$\{x\} = x - [x]$,则
$$\left\{ \frac{2012+1}{5} \right\} + \left\{ \frac{2012+2}{5} \right\} + \left\{ \frac{2012+3}{5} \right\} + \cdots + \left\{ \frac{2012+2012}{5} \right\}$$ 的值为_____.

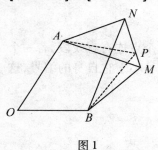

图 1

5. 如图 1,四边形 $MAOB$ 与 $NAOB$,且 $S_{\text{四边形}MAOB} = S_{\text{四边形}NAOB} = 40$,点 P 在线段 MN 上,则 $S_{\text{四边形}PAOB}$ 的面积等于_____.

6. 设 $m = 2^n - n^2$. 当 n 取 $1, 2, \cdots, 2012$ 时,能被 6 整除的 m 有_____个.

7. 一个学校选出 5 个年级共 8 个班,从每个班至少选出一名学生,则在这些选出的学生中,至少有_____名学生,他们的同班同学比他们的同年级同学少.

8. 在乘法算式

$$\overline{\text{草绿}} \times \overline{\text{花红了}} = \overline{\text{春光明媚}}$$

中,汉字代表非零数字,不同汉字代表不同的数字,那么春光明媚所代表的四位数最小是_____.

图 2

二、解答下列各题（每小题 10 分,共 40 分,要求写出简要过程）

9. 能否用 500 个图 2 所示的 1×2 的小长方形拼成一个 5×200 的大长方形,使得 5×200 的每一行都有奇数个星、每一列都有偶数个星?

请说明理由.

10. 从 1 到 1000 中最多可以选出多少个数,满足:这些数中任意两个数的差都不整除它们的和?

11. 某个水池存有的水量是其容量的 $\frac{1}{18}$. 两台抽水机同时向水池注水,当水池的水量达到 $\frac{2}{9}$ 时,第一台抽水机开始单独向水池注水,用时 81 分钟,所注入的水量等于第二台抽水机已注入水池内的水量. 然后第二台抽水机单独向水池注水 49 分钟,此时,两台抽水机注入水池的总水量相同. 之后,两台抽水机都继续向水池注水. 那么两台抽水机还需要一起注水多少分钟,方能将水池注满水?

12. 小李和小张在一个圆形跑道上匀速跑步,两人同时同地出发,小李顺时针跑,每 72 秒跑一圈;小张逆时针跑,每 80 秒跑一圈. 在跑道上划定以起点为中心的 $\frac{1}{4}$ 圆弧区间,那么会出现多次两人同时都在划定的区间内跑的情形,每次持续的时间可能长短不一. 问:所有可能持续的时间各为多少秒?

三、解答下列各题(每小题 15 分,共 30 分,要求写出详细过程)

13. 实数 x,y,z,w 满足 $x \geqslant y \geqslant z \geqslant w \geqslant 0$,且 $5x+4y+3z+6w=2012$,求 $x+y+z+w$ 的最大值和最小值.

14. 平面上有从 1 到 n 编了号的 n 个点,每个点与另外 k 个点连有直线段,若一个点连的 k 条直线段的另外 k 个端点的编号中有多于一半的编号小于它自身的编号,这个点就称为"好点". 若恰有 5 个好点,问: n 的最小值是多少?

解 答

初赛网络版试题解答

一、选择题(每小题 10 分,以下每题的四个选项中,仅有一个是正确的,请将表示正确答案的英文字母写在每题的圆括号内)

1. 如图 1,时钟上的表针从(1)转到(2)最少经过了(　　).

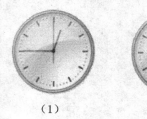

　　(1)　　　　　　　(2)

图 1

(A)2 小时 30 分　　　　(B)2 小时 45 分
(C)3 小时 30 分　　　　(D)3 小时 45 分

【答案】　(B).

【解答】　图(1)所显示的时间是 12:45 或 0:45,图(2)所显示的时间是 15:30 或 3:30,所以最少经过了 2 时 45 分.故选 B.

2. 在 2012 年,1 月 1 日是星期日,并且(　　).
(A)1 月份有 5 个星期三,2 月份只有 4 个星期三
(B)1 月份有 5 个星期三,2 月份也有 5 个星期三
(C)1 月份有 4 个星期三,2 月份也有 4 个星期三
(D)1 月份有 4 个星期三,2 月份有 5 个星期三

【答案】　(D).

【解答】　因为 2012 年 1 月 1 日是星期日,所以,1 月 4 日是星期三.这样,1 月份只

有 4 个星期三,且 31 日是星期二. 当 2 月 1 日是星期三,根据 2012 年恰逢闰年,2 月份有 29 天,正好是第 5 个星期三. 故选 D.

3. 有大小不同的 4 个数,从中任取 3 个数相加,所得到的和分别是 180、197、208 和 222. 那么,第二小的数所在的和一定不是(   ).

    (A)180   (B)197   (C)208   (D)222

【答案】 (C).

【解答】 180 里有最小、较小、较大,197 里有最小、较小、最大,208 里有最小、较大、最大,222 里有较小、较大、最大,所以较小的数不在 208 里. 故选 C.

4. 四百米比赛进入冲刺阶段,甲在乙前面 30 米,丙在丁后面 60 米,乙在丙前面 20 米. 这时,跑在最前面的两位同学相差(   )米.

    (A)10   (B)20   (C)50   (D)60

【答案】 (A).

【解答】 将题意用线段图 A－1 表示

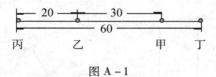

图 A－1

所以,跑在最前面的丁和甲相差 10 米. 故选 A.

5. 在图 2 所示的两位数的加法算式中,已知 $A+B+C+D=22$,则 $X+Y=($ $)$.

    (A)2   (B)4

    (C)7   (D)13

$$\begin{array}{r} A\ B \\ +\ \ C\ D \\ \hline X\ Y\ 9 \end{array}$$

图 2

【答案】 (B).

【解答】 由算式可知,$B+D=9$,所以
$$A+C=22-9=13,$$
则 $X+Y=1+3=4$. 故选 B.

6. 小明在正方形的边上标出若干个点,每条边上恰有 3 个,那么所标出的点最少有(   )个.

    (A)12   (B)10   (C)8   (D)6

【答案】 (C).

【解答】 因为在正方形的顶点标一个点,可以看作两条邻边都标了一个点,所以按题意要求,在 4 个顶点都标点时,点的个数最少为

$$4 + 1 \times 4 = 8(个).$$

故选 C.

二、填空题(每小题 10 分,满分 40 分)

7. 如图 3,用一条线段把一个周长是 30 厘米的长方形分割成一个正方形和一个小的长方形.如果小长方形的周长是 16 厘米,则原来长方形的面积是_____平方厘米.

【答案】　56.

【解答】　小长方形的长与宽的和为

$$16 \div 2 = 8(厘米);$$

而原长方形的长等于小长方形的长与宽的和,所以原长方形的长为 8 厘米,原长方形的宽为

$$30 \div 2 - 8 = 7(厘米);$$

则原来长方形的面积是

$$8 \times 7 = 56(平方厘米).$$

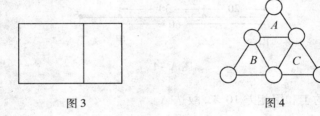

图 3　　　　　　　　　图 4

8. 将 10,15,20,30,40 和 60 填入图 4 的圆圈中,使 A,B,C 三个小三角形顶点上的 3 个数的乘积都相等.那么相等的积最大为_____.

【答案】　18000.

【解答】　因为

$$10 = 2 \times 5, 15 = 3 \times 5, 20 = 2 \times 2 \times 5, 30 = 2 \times 3 \times 5,$$
$$40 = 2 \times 2 \times 2 \times 5, 60 = 2 \times 2 \times 3 \times 5.$$

相等的积都有等量的相同因数,所以首先考虑因数 3.当含有因数 3 的三个数,分别放在只出现一次的位置时,则积是

$$15 \times 20 \times 40 = 30 \times 10 \times 40 = 60 \times 20 \times 10 = 12000.$$

当含有因数 3 的三个数,分别放在公共位置时,则积是

$$15 \times 30 \times 40 = 15 \times 20 \times 60 = 10 \times 30 \times 60 = 18000.$$

因此,相等的积是 12000 或 18000.

9. 用 3,5,6,18,23 这五个数组成一个四则运算式,得到的非零自然数最小是_____.

【答案】 1.

【解答】 既然最小的非零自然数是1,且有算式$(18 \div 6 + 5) \times 3 - 23 = 1$,所以得到的非零自然数最小是1.

10. 里山镇到省城的高速路全长189千米,途经县城.县城距离里山镇54千米.早上8:30一辆客车从里山镇开往县城,9:15到达,停留15分钟后开往省城,午前11:00能够到达.另有一辆客车于当日早上9:00从省城径直开往里山镇,每小时行驶60千米.那么两车相遇时,省城开往里山镇的客车行驶了_____分钟.

【答案】 72.

【解答】 将题意用线段图 A-2 表示

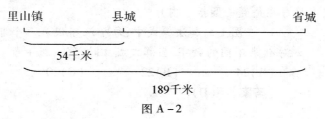

图 A-2

8:30—9:00 第一辆车行驶了

$$54000 \div (30 + 15) \times 30 = 36000(米),$$

第二辆车还未行.

9:00—9:30 第一辆车行驶了

$$54000 - 36000 = 18000(米)$$

至县城;

第二辆车行驶了

$$60000 \div 60 \times 30 = 30000(米).$$

从9:30开始,两车开始相向运动,但第一辆车的速度改为

$$(189000 - 54000) \div 90 = 1500(米/分).$$

所以,相向时间是

$$(189000 - 54000 - 30000) \div (1500 + 1000) = 42(分),$$

此时时间是9:30再加上42分,等于10时12分.省城开往里山镇的客车行驶了72分钟.

初赛笔试版试题解答

一、选择题(每小题10分,以下每题的四个选项中,仅有一个是正确的,请将表示正确答案的英文字母写在每题的圆括号内)

$$\begin{array}{r} 放鞭炮 \\ +\ 迎龙年 \\ \hline 贺新春 \end{array}$$

图1

1. 在图1的加法算式中,每个汉字代表一个非零数字,不同的汉字代表不同的数字.当算式成立时,贺+新+春=(　　).

(A)24　　(B)22　　(C)20　　(D)18

【答案】 (D).

【解答】

(1)令$\overline{放鞭炮}+\overline{迎龙年}+\overline{贺新春}=M$.注意$\overline{放鞭炮}+\overline{迎龙年}=\overline{贺新春}$,则因所有字母正好是1到9各一个,其和为45,所以$9|M$.但$M=2\times\overline{贺新春}$,即$9|2\times\overline{贺新春}$.又$(9,2)=1$,所以$9|\overline{贺新春}$,因此$9|(贺+新+春)$.显然,贺+新+春<27,因此贺+新+春只能取9或18.

(2)由题目条件"每个汉字代表一个非零数字,不同的汉字代表不同的数字",可知:贺、新和春三个字,所代表的数字均不小于3,且其中必有两个大于3,故知贺、新和春三个字所代表的数字之和必大于9.

可见,贺+新+春只能为18.如$173+286=459$,因此选D.

2. 北京时间16时,小龙从镜子里看到挂在身后墙上的4块钟表(如图2),其中最接近16时的是(　　).

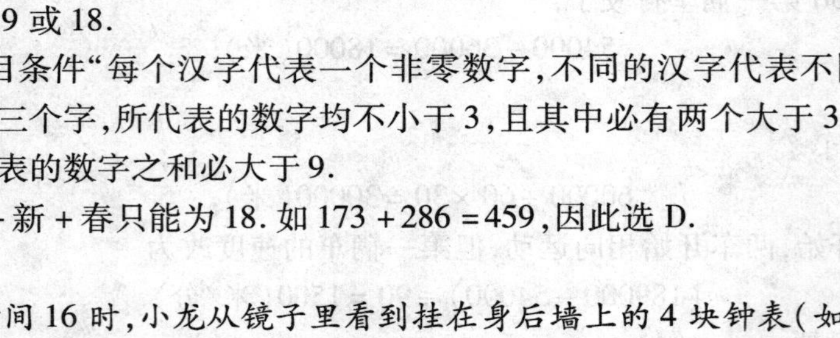

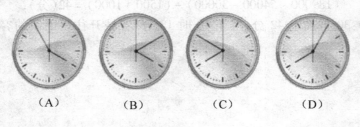

(A)　　(B)　　(C)　　(D)

图2

【答案】 (D).

【解答】 因为镜面对称,由左至右,镜子里四个钟的原像所指出的时间是:20:05,

19:50,16:10 和 15:55,所以选 D.

3. 平面上有四个点,任意三个点都不在一条直线上.以这四个点为端点连接六条线段,在所组成的图形中,最少可以形成(　　)个三角形.

　　(A)3　　　　(B)4　　　　(C)6　　　　(D)8

【答案】　(B).

【解答】　任取不在一条直线上的 3 个点为顶点,可构成一个三角形,既然已知平面上 4 个点,任意 3 个点都不在一条直线上,故最少可以形成 4 个不同的三角形.如图 A－1 所示,当 4 个点中存在一个点,位于其他 3 个点为顶点的三角形内部时,此 4 个点所连接的线段没有交点,故以这 4 个点所连接的图形中,只形成 4 个三角形.故选 B.

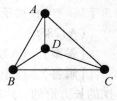

图 A－1

4. 在 10□10□10□10□10 的四个□中填入"＋""－""×""÷"运算符号各一个,所成的算式的最大值是(　　).

　　(A)104　　　(B)109　　　(C)114　　　(D)119

【答案】　(B).

【解答】　由于"＋""－""×""÷"填入四个□,有 $4 \times 3 \times 2 \times 1 = 24$ 种方法,对列出的 24 个算式分别计算出结果,自然可知算式的最大值是 109.

　　更简捷的想法是,要算式的值最大,加、乘要大,减、除去的要小,所以取

$$10 \times 10 + 10 - 10 \div 10 = 109.$$

故选 B.

5. 牧羊人用 15 段每段长 2 米的篱笆,一面靠墙围成一个正方形或长方形羊圈,则羊圈的最大面积是(　　)平方米.

　　(A)100　　　(B)108　　　(C)112　　　(D)122

【答案】　(C).

【解答】　列举,

宽(米)	长(米)	面积(平方米)
2	26	52
4	22	88
6	18	108
8	14	112
10	10	100
12	6	72
14	2	28

所以围成长为 14 米,宽为 8 米的长方形面积最大,为

$$14 \times 8 = 112(平方米).$$

故选 C.

6. 小虎在 19×19 的围棋盘的格点上摆棋子,先摆成了一个长方形的实心点阵.然后再加上 45 枚棋子,就正好摆成一边不变的较大的长方形的实心点阵.那么小虎最多用了(　　)枚棋子.

　　(A)285　　　　(B)171　　　　(C)95　　　　(D)57

【答案】　(A).

【解答】　设小虎一开始摆的长方形的一边有 x 枚棋子,另一边有 y 枚棋子,第二次摆的长方形的一边有 $y + k$ 枚棋子,则增加的 45 枚棋子应该等于

$$x \times k = 45 = 5 \times 9 = 3 \times 15 = 1 \times 45.$$

(1) $x = 1, k = 45$,此时 $y + k > 19$,不可能.

(2) $x = 3, k = 15$,此时 y 最多为 4,$x \times y + 45$ 最多为 57.

(3) $x = 5, k = 9$,此时 y 最多为 10,$x \times y + 45$ 最多为 95.

(4) $x = 9, k = 5$,此时 y 最多为 14,$x \times y + 45$ 最多为 171.

(5) $x = 15, k = 3$,此时 y 最多为 16,$x \times y + 45$ 最多为 285.

(6) $x = 45$,不可能.

所以,小虎最多用了 285 枚棋子.

二、填空题(每小题 10 分,满分 40 分)

7. 三堆小球共有 2012 颗,如果从每堆取走相同数目的小球以后,第二堆还剩下 17 颗小球,并且第一堆剩下的小球数是第三堆剩下的 2 倍,那么第三堆原有_____颗小球.

【答案】　665.

【解答】　设每堆取走 n 颗,第三堆剩下 m 颗,如图 $A - 2$,则

图 $A - 2$

所以,$(2012 - 17) \div 3 = 665($颗$)$.

8. 图3的计数器三个档上各有10个算珠,将每档算珠分成上下两部分,按数位得到两个三位数,要求上面的三位数的数字不同,且是下面三位数的倍数,那么满足题意的上面的三位数是_____.

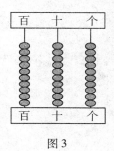

图3

【答案】 925.

【解答】 设下面珠子所成的三位数为 a,上面所成三位数为 ka,k 是正整数,则有 $(k+1)a=1110$,所以 $k+1$ 是1110的约数,即整除1110,$k=1,2,4,5,9$ 分别讨论:

k	1	2	4	5	9
a	555	370	222	185	111

其中,只有185符合要求. 所以 $ka=185\times5=925$.

9. 把一块长90厘米,宽42厘米的长方形纸板恰无剩余地剪成边长都是整数厘米、面积都相等的小正方形纸片,最少能剪出_____块,这种剪法剪成的所有正方形纸片的周长之和是_____厘米.

【答案】 105;2520.

【解答】 宽可以等分成:1厘米、2厘米、3厘米、6厘米、7厘米、14厘米、21厘米、42厘米,其中能等分90厘米的有1厘米、2厘米、3厘米、6厘米. 其中最大的是6厘米.

所以最少剪出

$$90\div6\times42\div6=105(块);$$

因为每块的周长为 $6\times4=24$(厘米),所以这种剪法剪成的所有正方形纸片的周长之和是

$$105\times24=2520(厘米).$$

10. 体育馆正在进行乒乓球单打、双打比赛,双打比赛的运动员比单打的运动员多4名,比赛的乒乓球台共有13张,那么双打比赛的运动员有_____名.

【答案】 20.

【解答】 假设13张球台都是双打比赛,双打运动员比单打运动员多52人.

单打比赛的有

$$(52-4)\div(4+2)=8(张);$$

双打比赛有

$$13-8=5(张).$$

所以,双打运动员有:$5\times4=20$(人).

决赛网络版试题解答

一、填空题(每小题10分,共80分)

1. 计算:$28 \times 7 \times 25 + 12 \times 7 \times 25 + 7 \times 11 \times 3 + 44 =$ _____.

【答案】 7275.

【解答】 原式 $= (28 + 12) \times 7 \times 25 + (7 \times 3 + 4) \times 11$
$$= 40 \times 7 \times 25 + 25 \times 11 = 7 \times 1000 + 275 = 7275.$$

$$\begin{array}{r} A \\ + \underline{A \quad B} \\ B \quad C \end{array}$$
图1

2. 字母 A, B, C 分别代表 $1 \sim 9$ 中不同的数字. 在使得图1的加法算式成立的所有情形中,三个字母 A, B, C 都不可能取到的数字的乘积是_____.

【答案】 8.

【解答】 观察算式可知,$B = A + 1$,且 A 与 B 相加后要进位 1. 能满足此条件的只可能是 $5 + 56 = 61, 6 + 67 = 73, 7 + 78 = 85, 8 + 89 = 97$ 这四种情况. 所以三个字母 A, B, C 都不可能是取到的数字是 2 和 4,其乘积为 8.

3. 鸡兔同笼,共有头 51 个,兔的总脚数比鸡的总脚数的 3 倍多 4 只,那么笼中共有兔子_____只.

【答案】 31.

【解答】 如果去掉一只兔,那么鸡兔共有 50 只,兔的总脚数恰是鸡的总脚数的 3 倍,说明兔的总只数是鸡的总只数的 1.5 倍,即 3 只兔对应 2 只鸡,那么共有兔子为 $50 \div (3 + 2) \times 3 + 1 = 31$(只).

4. 抽屉里有若干个玻璃球,小军每次操作都取出抽屉中球数的一半再放回 1 个球. 如此操作了 2012 次后,抽屉里还剩有 2 个球. 那么原来抽屉里有_____个球.

【答案】 2.

【解答】 根据倒推法可知,在第 2012 次操作之前有 $(2 - 1) \times 2 = 2$(个)玻璃球,同理可知,在第 2011、2010……次操作前,都有 2 个玻璃球,所以,原来抽屉里只有 2 个玻璃球.

5. 图 2 是由 1 平方分米的正方形瓷砖铺砌的墙面的残片. 图中由格点 A, B, C, D 为顶点的四边形 $ABCD$ 的面积等于_____平方分米.

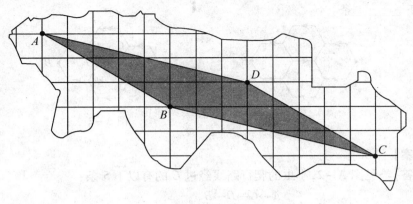

图 2

【答案】 14.

【解答】 按格线恢复的网格如图 A-1,

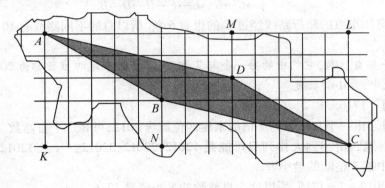

图 A-1

得长方形 $AKCL$ 面积为 65 平方分米. 因此

四边形 $ABCD$ 的面积

=65 -三角形 AMD 的面积 -三角形 CNB 的面积 -梯形 $CLMD$ 的面积 -梯形 $AKNB$ 的面积

$$=65-\frac{1}{2}\times2\times8-\frac{1}{2}\times2\times8-\frac{1}{2}\times(2+5)\times5-\frac{1}{2}\times(2+5)\times5=65-51=14(平方分米).$$

(注意:利用长方形的对角线平分这个长方形的面积来计算直角三角形的面积.)

6. 一只小虫在图3所示的线路中从 A 爬到 B. 规定:小虫只能沿图中所标示的箭头方向行进,而且每条边在同一路线中至多容许小虫通过一次.那么小虫从 A 到 B 的不同路线有_____条.

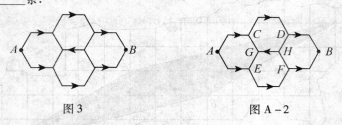

图3   图 A－2

【答案】 10.

【解答】 见图 A－2,小虫的爬行路线经过 C 的有以下 5 条:

$$A \rightarrow C \rightarrow D \rightarrow B,$$
$$A \rightarrow C \rightarrow D \rightarrow H \rightarrow F \rightarrow B,$$
$$A \rightarrow C \rightarrow D \rightarrow H \rightarrow G \rightarrow E \rightarrow F \rightarrow B,$$
$$A \rightarrow C \rightarrow G \rightarrow E \rightarrow F \rightarrow B,$$
$$A \rightarrow C \rightarrow G \rightarrow E \rightarrow F \rightarrow H \rightarrow D \rightarrow B.$$

由对称性,可知小虫的爬行路线经过 E 的也有 5 条.所以总的不同路线有 10 条.

7. 有一些自然数,它们中的每一个与 7 相乘,其积的末尾四位数都为 2012,那么在这些自然数中,最小的数是_____.

【答案】 1716.

【解答】 由一个自然数的 7 倍的末尾四位数为 2012,可知这个自然数 7 倍后至少是五位的自然数:由小到大排列只可能是 12012,22012,32012,…. 从 12012 起依次试除,找出其中被 7 整除的最小者.

由于 $12012 \div 7 = 1716$. 所以这个自然数的最小值是 1716.

8. 将棱长为 1 米的正方体木块分割成棱长为 1 厘米的小正方体积木,设想孙悟空施展神力将所有的小积木一个接一个地叠放起来,成为一根长方体"神棒",直指蓝天.已知珠穆朗玛峰的海拔高度约为 8844 米,则"神棒"的高度超过珠穆朗玛峰的海拔高度_____米.

【答案】 1156.

【解答】 1 立方米的正方体可以分割成 $100 \times 100 \times 100$ 个棱长为 1 厘米的小正方体积木块,因此由这些小正方体木块叠成的细长柱子的高度为 1000000 厘米,即 10000 米.要比 8844 米要高出

$$10000 - 8844 = 1156(米).$$

二、回答下列各题(每小题 10 分,共 40 分,写出答案即可)

9. 已知被除数比除数大 78,并且商是 6,余数是 3,求被除数与除数之积.

【答案】 1395.

【解答】 因为被除数÷除数得商 6 余 3,所以,被除数是除数的 6 倍多 3,也就是被除数减 3 的差是除数的 6 倍,即被除数 −3 =6 ×除数,或者说,被除数减 3 的差比除数大 5 倍.所以除数为:(78 −3) ÷5 =15,被除数为:15 ×6 +3 =93.

所以,被除数与除数之积 =93 ×15 =1395.

10. 今年甲、乙两人年龄的和是 70 岁.若干年前,当甲的年龄只有乙现在这么大时,乙的年龄恰好是甲的年龄的一半.问:甲今年多少岁?

【答案】 42.

【解答】 通过画线段图 A −3 分析易知,

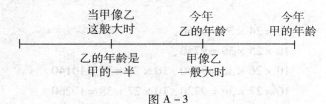

图 A −3

甲与乙的年龄差为乙今年年龄的一半,即乙今年的年龄是两人年龄差的 2 倍,甲今年的年龄是两人年龄差的 3 倍.因此,今年甲、乙俩人年龄的和等于 5 倍的两人的年龄差,即两人的年龄差为 70 ÷5 =14(岁),所以甲今年为 14 ×3 =42(岁).

11. 有三个连续偶数,它们的乘积是一个五位数,该五位数个位是 0,万位是 2,十位,百位和千位是三个不同的数字,那么这三个连续偶数的和是多少?

【答案】 84.

【解答】 因为三个连续偶数的乘积的末位数字是 0,因此可得其中一个偶数的末位数字只能为 0.又

$$20 \times 22 \times 24 =10560,30 \times 32 \times 34 =32640,$$

因此可得,这三个连续偶数中的一个偶数为 30.这三个连续偶数或者是 26,28,30;或者是 28,30,32.经过验证

$$26 \times 28 \times 30 =21840,28 \times 30 \times 32 =26880.$$

因此满足条件的只能分别为 26、28 和 30.它们的和为 84.

12. 在等式

$$\overline{爱国} \times \overline{创新} \times \overline{包容} + \overline{厚德} = \overline{北京精神}$$

中,每个汉字代表 0 ~9 的一个数字,爱、国、创、新、包、容、厚、德分别代表不同的数字.当四位数北京精神最大时,厚德为多少?

【答案】　97.

【解答】　因为

$$10 \times 20 \times 30 = 6000, 10 \times 30 \times 40 = 12000,$$

$$13 \times 20 \times 40 = 10400, 10 \times 23 \times 45 = 10350, 10 \times 25 \times 43 = 10750,$$

而且爱、创、包是三个不同的非零数字,所以只能分别为 1,2 和 3. 因为

$$14 \times 24 \times 34 = 11424,$$

所以乘积中的三个乘数有一个是 10,20 或 30. 注意到

$$14 \times 25 \times 30 = 10500, 15 \times 24 \times 30 = 10800,$$

就排除了 30 的可能.

因为

$$14 \times 20 \times 35 = 9800, 14 \times 20 \times 36 = 10080, 15 \times 20 \times 34 = 10200,$$

所以有一个乘数是 20 时,满足要求的 3 个乘数之积最大为 9800.

因为

$$10 \times 24 \times 39 = 9360,$$

$$10 \times 25 \times 39 = 9750,$$

$$10 \times 26 \times 38 = 9880, \quad 10 \times 26 \times 39 = 10140,$$

$$10 \times 27 \times 36 = 9720, \quad 10 \times 27 \times 38 = 10260,$$

$$10 \times 28 \times 35 = 9800, \quad 10 \times 28 \times 36 = 10080,$$

$$10 \times 29 \times 34 = 9860, \quad 10 \times 29 \times 35 = 10150,$$

所以有一个乘数是 10 时,满足要求的 3 个乘数之积最大为 9880.

综合上面的讨论,有

$$10 \times 26 \times 38 + 97 = 9977,$$

北京精神最大为 9977,此时厚德 = 97.

决赛笔试试题 A 卷解答

一、填空题(每小题 10 分,共 80 分)

1. 若将一个边长为 6 厘米的正方形盖在一个三角形上,则两个图形重叠部分的面积占三角形面积的一半,占正方形面积的三分之二.那么这个三角形的面积是_____平方厘米.

【答案】 48.

【解答】 由于重叠部分面积占正方形面积的三分之二,所以重叠部分的面积为 $6 \times 6 \div 3 \times 2 = 24$(平方厘米).又由于重叠的部分的面积是三角形面积的一半,因此三角形面积为 $24 \times 2 = 48$(平方厘米).

2. 图 1 是两个两位数的减法竖式,其中 A, B, C, D 代表不同的数字.当被减数 $\overline{AB}$ 取最大值时,

$$A \times B + (C + E) \times (D + F) = \underline{\qquad}.$$

$$\begin{array}{r} A\ B \\ -\ C\ D \\ \hline E\ F \end{array}$$

图 1

【答案】 144.

【解答】 由条件可得,被减数 $\overline{AB}$ 取最大值是 98,由于 C, D 均不超过 7.所以只能是 $D + F = 8, C + E = 9$,例如,$D = 3, F = 5, C = 2, E = 7$.因此

$$A \times B + (C + E) \times (D + F) = 9 \times 8 + 9 \times 8 = 144.$$

3. 某水池有 A,B 两个水龙头.如果 A,B 同时打开需要 30 分钟可将水池注满.现在 A 和 B 同时打开 10 分钟,即将 A 关闭,由 B 继续注水 80 分钟,也可将水池注满.如果单独打开 B 龙头注水,需要_____分钟才可将水池注满.

【答案】 120.

【解答】 由于 A,B 两个水龙头同时打开注水 30 分钟将水池注满,将注满一池水的工作量等分成 30 份.现在 A 和 B 两个水龙头同时注水 10 分钟,则完成了 10 份工作量,还有 20 份工作量,需 B 用 80 分钟完成,则 B 完成一份工作量用了

$$80 \div 20 = 4(分钟).$$

因此,B 完成 30 份工作量需时:$30 \times 4 = 120$(分钟).即单独打开 B 龙头注水,需要 120 分钟才可将注满水池.

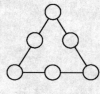

图 2

4. 将六个数 1,3,5,7,9,11 分别填入图 2 中的圆圈内(每个圆圈内仅填一个数),使每边上三个数的和都等于 17,则三角形三个顶点处的圆圈内所填三数之和为_____.

【答案】 15.

【解答】 设三角形三个顶点处的圆圈内所填的数分别为 a,b,c, 由于计算每边上三个数和时 a,b,c 被重复计算一次,所以

$$a+b+c+1+3+5+7+9+11=17\times3,$$

进而

$$a+b+c=17\times3-(1+3+5+7+9+11)=51-36=15.$$

比如,图 A-1 的填数法即为一例.

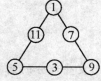

图 A-1

5. 四年级(1)班用班费购买单价分别为 3 元、2 元、1 元的甲、乙、丙三种文具. 要求购买乙种文具的件数比购买甲种文具的件数多 2 件,且购买甲种文具的费用不超过总费用的一半. 若购买的文具恰好用了 66 元,则甲种文具最多可买_____件.

【答案】 11.

【解答】 根据条件:1)甲种文具的单价为 3 元;2)购买甲种文具的费用不超过总费用的一半,即不超过 33 元,因此甲种文具不超过 11 件.

根据题意,甲种文具可以达到 11 件. 事实上,甲种文具有 11 件,那么乙种文具有 13 件,丙种文具就有 7 件. 共用 $3\times11+2\times13+1\times7=66$(元). 满足题设条件.

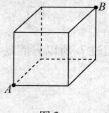

图 3

6. 如图 3 所示,一只蚂蚁从正方体的顶点 A 出发,沿正方体的棱爬到顶点 B,要求行走的路线最短,那么蚂蚁有_____种不同的走法.

【答案】 6.

【解答】 题目要求行走的路线最短,最短路线是只走 3 条棱长. 由分步计算法则,从正方体的顶点 A 走,沿正方体的棱长到顶点 B,且行走的路线最短,有 $3\times2\times1=6$(种)不同的走法.

7. 一个车队以 4 米/秒的速度缓慢通过一座长 298 米的大桥,共用 115 秒,已知每辆车长 6 米,相临两车间隔 20 米,则这个车队一共有_____辆车.

【答案】 7.

【解答】 依据列车过桥的算法,可得整个车队的长为 $115\times4-298=162$(米). 考虑到车的辆数比间隔数多 1(植树问题),采用假设法,给车队增加一个间隔的长度使车队长变为 $162+20=182$(米),而一辆车加上一个间隔的长度为 $6+20=26$(米),所以这个车队共有 $182\div26=7$(辆)车.

8. 有一个长方形,如果它的长和宽都增加 6 厘米,则面积增加了 114 平方厘米. 那

么这个长方形的周长等于_____厘米.

【答案】 26.

【解答】 如图 A－2 所示,长 ×6 + 宽 ×6 + 6 ×6 = 114,即

$$（长 + 宽）×6 = 78（厘米），$$

所以

$$（长 + 宽）×2 = 26（厘米），$$

原来的长方形周长为 26 厘米.

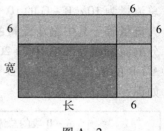

图 A－2

二、简答题(每小题 15 分,共 60 分,要求写出简要过程)

9. 扑克牌的点数如图 4 所示,最大是 13,最小是 1.现小明手里有 3 张点数不同的扑克牌,第一张和第二张扑克牌点数和是 25,第二张和第三张扑克牌点数和是 13,问:第三张扑克牌的点数是多少?

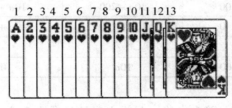

图 4

【答案】 1.

【解答】 因为扑克牌的点数最大是 13,最小是 1,既然小明手里 3 张扑克牌的点数不同,第一张和第二张扑克牌的点数只能是 12 和 13 或 13 和 12.又有第二张和第三张扑克牌点数和是 13,第二张和第三张扑克牌点数均小于 13,所以,第二张扑克牌的点数只能是 12,则第三张扑克牌的点数是 1.

10. 图 5 是一个净化水装置,水流方向为从 A 先流向 B,再流到 C.原来容器 A－B 之间有 10 个流量相同的管道,B－C 之间也有 10 个流量相同的管道.现调换了 A－B 与 B－C 之间的一个管道后,流量每小时增加了 40 立方米.问:通过调整管道布局,从 A 到 C 的流量最大可增加多少立方米?

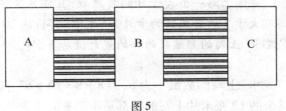

图 5

【答案】 200.

【解答】 根据题意调换一个管道后,流量每小时增加了 40 立方米,知道两种类型的管道的流量的差为每小时 40 立方米.设每个细管流量为 a,则 A－B 的 10 个细管的总流量为 $10a$,B－C 的 10 个粗管的总流量为 $10a+400$.由于一个串连通过的系统的最大流量等于其中最小流量的部分的管道流量.如果调换 5 个管道,A－B 与 B－C 两部分的流量相等都是 $10a+200$,如果调换的数量超过 5 个,则 B－C 之间的流量反会小于 A－B 的流量,因此调换 5 个流量增加最大,此时增加了 200 立方米的流量.列表说明如下:

	A－B 段的总流量	B－C 段的总流量	系统的总流量	增 减
初始状态	$10a$	$10a+400$	$10a$	
调整 1 个管	$10a+40$	$10a+360$	$10a+40$	增
调整 2 个管	$10a+80$	$10a+320$	$10a+80$	增
调整 3 个管	$10a+120$	$10a+280$	$10a+120$	增
调整 4 个管	$10a+160$	$10a+240$	$10a+160$	增
调整 5 个管	$10a+200$	$10a+200$	$10a+200$	增
调整 6 个管	$10a+240$	$10a+160$	$10a+160$	减
…	…	…	…	减
调整 10 个管	$10a+400$	$10a$	$10a$	

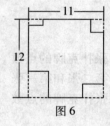
图 6

11. 图 6 中的一个长方形纸板每个角上都被切掉了一个小长方形(含正方形),如果被切掉的小长方形的 8 对对边的长度分别是一个 1,四个 2,两个 3 和一个 4,那么纸板剩下部分的面积最大是多少?

【答案】 112.

【解答】 原来长方形纸板的面积是:$11 \times 12 = 132$ 为定值.要使切掉四个小长方形之后剩下的部分面积最大,必须使切掉的四个小长方形的面积之和最小,显然应该用 1 和 4 配对,然后用两个 2 和两个 3 分别配对,最后是两个 2 配对.被切掉的四个小长方形的面积分别是:4,6,6,4,这时切掉的四个小长方形的面积之和最小.于是纸板剩下部分的面积最大是:

$$132 - 4 - 4 - 6 - 6 = 112.$$

12. 有 20 张卡片,每张上写一个大于 0 的自然数,且任意 9 张上写的自然数的和都不大于 63.若称写有大于 7 的自然数的卡片为"龙卡",问:这 20 张卡片中"龙卡"最多有多少张?所有"龙卡"上写的自然数的和的最大值是多少?

【答案】 7;61.

【解答】 由于"龙卡"上写的数最小为 8,而 $8 \times 8 = 64 > 63$,所以这 20 张卡片中,"龙卡"至多 7 张.其余的 13 张卡片上写的数都是小于 8 的非龙卡.

设 7 张龙卡上写的数的和为 S,再取两张非龙卡的卡片补足为一个 9 张组,当补足的数值最小时，S 最大，由 $S+1+1\leqslant 63$，因此 $S\leqslant 61$. 即 7 张龙卡上所写数的和 S 的最大可能值是 61.

现在说明，S 的最大值为 61 是可以达到的. 例如，7 张龙卡是 2 张 8，5 张 9；其余非龙卡是 13 张 1，满足题设条件，而 $S=8\times 2+9\times 5=61$.

因此，这 20 张卡片中"龙卡"最多有 7 张；所有"龙卡"上写的自然数的和的最大值是 61.

决赛笔试试题 B 卷解答

一、填空题(每小题 10 分,共 80 分)

1. 若将一个边长为 8 厘米的正方形盖在一个三角形上,则两个图形重叠部分的面积占三角形面积的一半,占正方形面积的四分之三.那么这个三角形的面积是_____平方厘米.

【答案】 96.

【解答】 由于重叠部分面积占正方形面积的四分之三,所以重叠部分的面积为 $8 \times 8 \div 4 \times 3 = 48$(平方厘米).又由于重叠的部分的面积是三角形面积的一半,因此三角形面积为 $48 \times 2 = 96$(平方厘米).

$$\begin{array}{r} A\ B\ C \\ -\ D\ E\ F \\ \hline H\ I\ J \end{array}$$

图 1

2. 在图 1 的算式中,每个字母代表一个 1 至 9 之间的数,不同的字母代表不同的数字,则 $A + B + C = $_____.

【答案】 18.

【解答】 因为 $\overline{DEF} + \overline{HIJ} = \overline{ABC}$ 至少 0 个进位,最多 2 个进位.设有 k 个进位,则 $0 \leqslant k \leqslant 2$.又 1 至 9 数字之和为 45.这样 $2(A + B + C) = 45 - 9k$.于是 $k = 1, A + B + C = 18$.

3. 某水池有 A,B 两个水龙头.如果 A,B 同时打开需要 30 分钟可将水池注满.现在 A 和 B 同时打开 10 分钟,即将 A 关闭,由 B 继续注水 40 分钟,也可将水池中注满.如果单独打开 B 龙头注水,需要_____分钟才可将水池注满.

【答案】 60.

【解答】 由于 A 和 B 两个水龙头同时打开需要 30 分钟将水池注满,可将注满一池水的工作量等分成 30 份.现在 A 和 B 两个水龙头同时注水 10 分钟,则完成了 10 份工作量,还有 20 份工作量,需 B 用 40 分钟完成,则 B 完成一份工作量用了

$$40 \div 20 = 2\text{(分钟)}.$$

因此,B 完成 30 份工作量需时 $30 \times 2 = 60$(分钟).即单独打开 B 龙头注水,需要 60 分钟可将水池注满.

4. 将六个数 $1,3,5,7,9,11$ 分别填入图 2 中的圆圈内（每个圆圈仅填一个数），使每边上三个数的和都等于 19，则三角形三个顶点处的圆圈内所填三数之和为 _____.

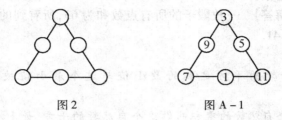

图 2 　　　　　图 A－1

【答案】　21.

【解答】　设三角形三个顶点处的圆圈内所填的数分别为 a,b,c，由于计算每边上三个数和时 a,b,c 被重复计算一次，所以

$$a+b+c+1+3+5+7+9+11=19\times 3,$$

进而

$$a+b+c=19\times 3-(1+3+5+7+9+11)=57-36=21.$$

比如，图 A－1 的填数法即为一例.

5. 四年级(1)班用班费购买单价分别为 3 元、2 元、1 元的甲、乙、丙三种文具. 已知购买乙种文具的件数比购买甲种文具的件数少 2 件，且购买甲种文具的费用不超过总费用的一半. 若购买的三种文具恰好共用了 66 元，那么乙种文具最多购买了 _____ 件.

【答案】　9.

【解答】　根据条件：①甲种文具的单价为 3 元；②购买甲种文具的费用不超过总费用的一半，即不超过 33 元，因此甲种文具不超过 11 件. 此时乙种文具最多不超过 9 件.

根据题意，乙种文具可以达到 9 件. 事实上，甲种文具有 11 件，那么乙种文具有 9 件，丙种文具就有 15 件. 共用 $3\times 11+2\times 9+1\times 15=66$（元）. 满足题设条件.

6. 如图 3 所示，一只蚂蚁从正方体的顶点 A 出发，沿正方体的棱爬到顶点 B，要求行走的路线最短，那么蚂蚁有 _____ 种不同的走法.

【答案】　6.

【解答】　题目要求行走的路线最短，最短路线是只走 3 条棱长. 由分步计数法则，从正方体的顶点 A 走，沿正方体的棱长到顶点 B，且行走的路线最短，有 $3\times 2\times 1=6$（种）不同的走法.

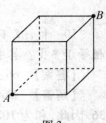

图 3

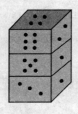

图4

7. 每枚正方体骰子相对面的点数和都是7. 如图4摆放的三枚骰子, 你只能看到七个面的点数, 那么你从该图中看不见的所有面的点数和是_____.

【答案】 41.

【解答】 三枚骰子的所有点数和为63, 所看到的点数为22, 其余点数和为41.

8. 十个不同奇数的平方之和的最小值与这个最小值被4除的余数之差是_____.

(注: 相同的两个自然数的乘积叫做这个自然数的平方, 如 $1 \times 1 = 1^2$, $2 \times 2 = 2^2$, $3 \times 3 = 3^2$, 类推)

【答案】 1328.

【解答】 较小的奇数的平方小于较大的奇数的平方, 所以十个不同奇数的平方之和的最小值为最小的十个不同奇数的平方之和:

$$1^2 + 3^2 + 5^2 + 7^2 + 9^2 + 11^2 + 13^2 + 15^2 + 17^2 + 19^2$$
$$= 1 + 9 + 25 + 49 + 81 + 121 + 169 + 225 + 289 + 361$$
$$= 1330$$

而 $1330 \div 4 = 332 \cdots 2$.

即这个最小值被4除的余数, 等于2.

所以 $1330 - 2 = 1328$.

二、简答题(每小题15分, 共60分, 要求写出简要过程)

9. 商店进了一批钢笔, 如果用零售价7元卖出20支与用零售价8元卖出15支所赚的钱数相同. 那么每支钢笔的进货价是多少元?

【答案】 4.

【解答】 若用零售价8元卖出15支会比用零售价7元卖出15支多获取 $(8 - 7) \times 15 = 15$(元). 故由"用零售价7元卖出20支与用零售价8元卖出15支所赚的钱数相同"的条件可知, 这15元相当于用零售价7元卖出5支所赚的钱. 所以, 每支钢笔所赚的钱为 $15 \div 5 = 3$(元), 每支钢笔的进货价为 $7 - 3 = 4$(元).

10. 十个互不相同的非零自然数之和等于102, 那么其中最大的两个数之和的最大值等于多少? 其中最小的两个数之和的最小值等于多少?

【答案】 66;3.

【解答】 最小的八个互不相同的非零自然数是:1,2,3,4,5,6,7,8, 它们的和等于36. 因此, 和为102的10个互不相同的非零自然数中最大的两个的和不超过 $102 - 36 = 66$, 最大的两个数可以取(例如)10和56, 它们的和就等于66.

十个互不相同的非零自然数之和等于102, 那么其中最小的两个数之和的最小值

为 $1+2=3$. 事实上, $1+2+3+4+5+6+7+8+9+57=102$, 满足要求.

故最大的两个数的和顶多等于 66, 而最小的两个数的和至少等于 3.

11. 图 5 是一个净化水装置, 水流方向为从 A 先流向 B, 再流到 C. 原来容器 A – B 之间有 10 个流量相同的管道, B – C 之间也有 10 个流量相同的管道. 现调换了 A – B 与 B – C 之间的一个管道后, 流量每小时增加了 30 立方米. 问: 通过调整管道布局, 从 A 到 C 的流量最大可增加多少立方米?

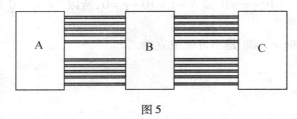

图 5

【答案】 150.

【解答】 根据题意调换一个管道后, 流量每小时增加了 30 立方米, 知道两种类型的管道的流量的差为每小时 30 立方米. 设每个细管流量为 a, 则 A – B 的 10 个细管的总流量为 $10a$, B – C 的 10 个粗管的总流量为 $10a+300$. 由于一个串连通过的系统的最大流量等于其中最小流量的部分的管道流量. 如果调换 5 个管道, A – B 与 B – C 两部分的流量相等都是 $10a+150$, 如果调换的数量超过 5 个, 则 B – C 之间的流量反会小于 A – B 的流量, 因此调换 5 个流量增加最大, 此时增加了 150 立方米的流量. 列表说明如下:

	A – B 段的总流量	B – C 段的总流量	系统的总流量	增　减
初始状态	$10a$	$10a+300$	$10a$	
调整 1 个管	$10a+30$	$10a+270$	$10a+30$	增
调整 2 个管	$10a+60$	$10a+240$	$10a+60$	增
调整 3 个管	$10a+90$	$10a+210$	$10a+90$	增
调整 4 个管	$10a+120$	$10a+180$	$10a+120$	增
调整 5 个管	$10a+150$	$10a+150$	$10a+150$	增
调整 6 个管	$10a+180$	$10a+120$	$10a+120$	减
…	…	…	…	减
调整 10 个管	$10a+300$	$10a$	$10a$	

12. 称四位数 $\overline{dcba}$ 是四位数 $\overline{abcd}$ 的反序数. 如 1325 是 5231 的反序数, 2001 是 1002 的反序数. 问: 一个四位数与它的反序数的差能等于 1008 吗? 如果能, 请写出一例; 如果不能, 请简述理由.

【答案】 不能.

【解答】 设 $\overline{abcd} - \overline{dcba} = 1008$ 成立，显然应有 $a > d$. 写成减法竖式：

$$
\begin{array}{r}
\overline{abcd} \\
- \ \overline{dcba} \\
\hline
1008
\end{array}
$$

由个位考虑有 $d + 10 - a = 8$，所以 $a - d = 2$.

由十位考虑有 $c - 1 - b = 0$，或 $c - 1 + 10 - b = 0$，所以 $c = b + 1$，或 $c = b - 9$.

由百位考虑有 $b + 10 - c = 0$，或 $b - 1 + 10 - c = 0$，所以 $c = b + 10$ 或 $c = b + 9$. 与 $c = b + 1$ 和 $c = b - 9$ 矛盾.

所以，$\overline{abcd} - \overline{dcba} = 1008$ 是不可能成立的.

初赛网络版试题解答

一、选择题(每小题10分,以下每题的四个选项中,仅有一个是正确的,请将表示正确答案的英文字母写在每题的圆括号内)

1. 图1是一个两位数的加法算式,已知$A + B + C + D = 22$,则 $X + Y = ($ $)$.

$$\begin{array}{r} A\ B \\ +\ C\ D \\ \hline X\ Y\ 9 \end{array}$$
图1

(A)2　　　　　　(B)4

(C)7　　　　　　(D)9

【答案】　(B).

【解答】　由算式可知,$B + D = 9$,所以
$$A + C = 22 - 9 = 13,$$
则　$X + Y = 1 + 3 = 4$. 故选 B.

2. 已知甲瓶盐水浓度为8%,乙瓶盐水浓度为5%,混合后浓度为6.2%. 那么四分之一的甲瓶盐水与六分之一的乙瓶盐水混合后的浓度则为(　　　).

(A)7.5%　　　(B)5.5%　　　(C)6%　　　(D)6.5%

【答案】　(D).

【解答】　设甲瓶盐水重x,乙瓶盐水重y,列出方程:
$$8\%x + 5\%y = 6.2\%(x + y),$$
解出$\dfrac{x}{y} = \dfrac{2}{3}$. 所以,混合后的浓度则为$6.5\%$,运算如下:

$$\frac{8\% \times \frac{1}{4}x + 5\% \times \frac{1}{6}y}{\frac{1}{4}x + \frac{1}{6}y} = \frac{2x + \frac{5}{6}y}{\frac{1}{4}x + \frac{1}{6}y}\% = \frac{2 \times \frac{x}{y} + \frac{5}{6}}{\frac{1}{4} \times \frac{x}{y} + \frac{1}{6}}\% = \frac{2 \times \frac{2}{3} + \frac{5}{6}}{\frac{1}{4} \times \frac{2}{3} + \frac{1}{6}}\% = \frac{13}{2}\% = 6.5\%.$$

3. 两个数的最大公约数是20,最小公倍数是100,下面说法正确的有(　　　)个.

（1）两个数的乘积是 2000.

（2）两个数都扩大 10 倍，最大公约数扩大 100 倍.

（3）两个数都扩大 10 倍，最小公倍数扩大 10 倍.

（4）两个数都扩大 10 倍，两个数乘积扩大 100 倍.

（A）1　　　　　（B）2　　　　　（C）3　　　　　（D）4

【答案】　（C）.

【解答】　设 $A = 20k_1, B = 20k_2$,

$$(k_1, k_2) = 1,$$

则：$(A, B) = 20, [A, B] = 20k_1k_2$，就有

$(A, B) \times [A, B] = A \times B = 20k_1 \times 20k_2 = 20 \times 100 = 2000$,

所以（1）正确；

因为 $(10A, 10B) = 200, [10A, 10B] = 1000$，所以（2）是错误的，（3）是正确的；

因为 $10A \times 10B = 100AB$，所以（4）是正确的；

故有 3 个正确说法，选（C）.

4. 将 $39, 41, 44, 45, 47, 52, 55$ 这 7 个数重新排成一列，使得其中任意相邻的三个数的和都为 3 的倍数. 在所有这样的排列中，第四个数的最大值是（　　）.

（A）44　　　　　（B）45　　　　　（C）47　　　　　（D）52

【答案】　（C）.

【解答】　已知 7 个整数 $39, 41, 44, 45, 47, 52, 55$ 排列后，要求任意相邻 3 个数的和是 3 的倍数. 将这 7 个数除以 3，余数为 $0, 2, 2, 0, 2, 1, 1$，做相应排列后，因为 7 个余数仅有 2 个为 0，因此 3 个相邻余数和大于 0，也不可能等于 6，否则，3 个相邻的余数都是 2，且 7 余数仅有 3 个是 2，此时，前 3 个相邻余数和必为 4 或 5，故 3 个相邻余数和必为 3. 7 个余数排列后，每 3 个相邻的余数相加，共做了 5 次加法. 5 次运算中，设余数为 $0, 1, 2$ 出现的次数分别为 x, y, z，则有：

$$\begin{cases} x + y + z = 15, \\ 0 \times x + 1 \times y + 2 \times z = 15. \end{cases}$$

由此得到

$$\begin{cases} x = z \\ y + 2z = 15 \end{cases},$$

可得 y 必为大于 1 的奇数.

因为 7 个余数中，有 3 个是 2，故 $z \geq 4$，且有 $y \geq 3$. 故 $y + 2z = 15$ 仅有的解答是：

① $y = 3, x = z = 6$；　② $x = y = z = 5$.

第①组解中，0 用了 6 次，在排列中，它只能在第 3, 4 和 5 的位置上，此时，第 3, 4 和第 5 的位置余数和为 1 或 2，故这种排列不符合题目要求. 从第②组解可以得到：第 1、4、7 位置上只能是 2.

所以，按题目要求，7 个整数 $39, 41, 44, 45, 47, 52, 55$ 排列后，第四个数的最大值

是 47.

（注：也可以穷举，说明第 1、4、7 位置上只能是被 3 除余 2 的数.）

5. 如图 2 所示，在 5×8 的方格中，阴影部分的面积为 37 平方厘米，则非阴影部分的面积为(   )平方厘米.
(A)43   (B)74   (C)80   (D)111

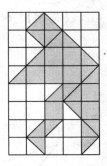

图 2

【答案】 （A）.

【解答】 由于阴影部分共有 37 个小直角三角形，而长方形共有 80 个小直角三角形，

$$\frac{80}{37} \times 37 = 80(\text{平方厘米}).$$

所以长方形的面积为 80 平方厘米，非阴影部分的面积为 80 − 37 = 43（平方厘米）.

6. 在由 1,3,4,7,9 组成的没有重复数字的数中，是 9 的倍数的有(   )个.
(A)1   (B)2   (C)3   (D)4

【答案】 （A）.

【解答】 已知一个整数是 9 的倍数，则其数码和也是 9 的倍数.

一位数中，仅有 9 是 9 的倍数；1,3,4,7,9 中任何 2 个的和不是 9 的倍数；任何 3 个和 4 个的和都不是 9 的倍数；这 5 个整数 1、3、4、7 和 9 的和不是 9 的倍数，所以，答案是 A.

二、填空题（每小题 10 分，满分 40 分）

7. 满足下列两个条件的四位数共有_____个：
（1）任意相邻两位数字之和均不大于 2；
（2）任意相邻三位数字之和均不小于 3.

【答案】 1.

【解答】 根据题意可知每位数字均不小于 1 且均不大于 1，所以满足条件的只有 1111.

8. 在 17□17□17□17□17 的四个□中填入" ＋"、" −"、" ×"、" ÷"运算符号各一个，所成的算式的最大值是_____.

【答案】 305.

【解答】 既然算式中没有括号，仅有" ＋"、" −"、" ×"和" ÷"运算，要使算式的值最大，则减号后的减数要尽可能小，只能是 17 − 17 ÷ 17 = 16 或 17 × 17 − 17 ÷ 17 = 288，而且，17 × 17 ＋ 17 − 17 ÷ 17 或 17 ＋ 17 × 17 − 17 ÷ 17 均等于 305，所以所成的算式的最大值是 305.

9. 图 3 中, ABC 是一个钝角三角形, $BC = 6$ 厘米, $AB = 5$ 厘米, BC 边的高 AD 等于 4 厘米. 若此三角形以每秒 3 厘米的速度沿 DA 的方向向上移动,2 秒后,此三角形扫过的面积是_____平方厘米.

【答案】 66.

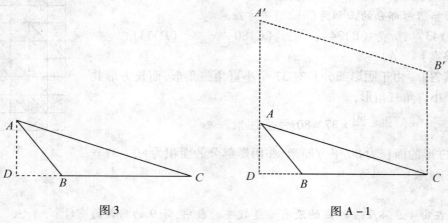

图 3   图 A-1

【解答】 扫出的图形如图 A-1 中五边形 $ABCB'A'$, 其中 $ACB'A'$ 是平行四边形,
$$AA' = 3 \times 2 = 6 (厘米).$$
已知 AD 是 BC 边上的高, $AD = 4$ 厘米, $AB = 5$ 厘米, 由勾股定理, $BD = 3$ 厘米. 可知三角形 ABC 的面积等于 12 平方厘米.

$DC \perp A'D, DC = DB + BC = 9$, 故平行四边形 $ACB'A'$ 的面积等于 $9 \times 6 = 54$(平方厘米).

所以五边形 $ABCB'A'$ 的面积为 $12 + 54 = 66$(平方厘米).

10. 一条路上有 A, O, B 三个地点, O 在 A 与 B 之间, A 与 O 相距 1360 米. 甲、乙两人同时分别从 A 和 O 点出发向 B 点行进. 出发后第 10 分钟, 甲、乙两人离 O 点的距离相等; 第 40 分钟甲与乙两人在 B 点相遇. 那么 O 与 B 两点的距离是_____米.

【答案】 2040.

【解答】 设甲与乙的速度分别为每分钟 v_1 与 v_2 米, 则
$$\begin{cases} 1360 - 10v_1 = 10v_2 & ① \\ 40v_1 - 40v_2 = 1360 & ② \end{cases}$$

由①式得:
$$v_1 + v_2 = 136,$$

由②式得:
$$v_1 - v_2 = 34.$$

由此得:
$$v_1 = 85, v_2 = 51.$$

B 与 O 两点的距离为: $51 \times 40 = 2040$(米).

初赛笔试版试题解答

一、选择题(每小题 10 分,以下每题的四个选项中,仅有一个是正确的,请将表示正确答案的英文字母写在每题的圆括号内)

1. 计算: $\left[\left(0.8+\dfrac{1}{5}\right)\times 24+6.6\right]\div\dfrac{9}{14}-7.6=($).

(A)30   (B)40   (C)50   (D)60

【答案】 (B).

【解答】

$$原式 = \left[24+6.6\right]\times\frac{14}{9}-7.6$$

$$=30.6\times\frac{14}{9}-7.6$$

$$=10.2\times\frac{14}{3}-7.6=47.6-7.6=40.$$

2. 以平面上 4 个点为端点连接线段,形成的图形中最多可以有(   )个三角形.

(A)3   (B)4   (C)6   (D)8

【答案】 (D).

【解答】 平面上 4 个点只有下述四种情况:

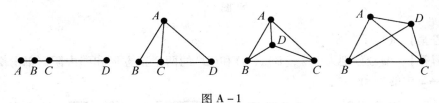

图 A−1

(1)4 个点在一条直线时,则图形为图 A−1 左起第 1 个.

(2)4 个点中有 3 个点共线时,则仅有的图形是图 A−1 左起第 2 个.

(3)4 个点中任何 3 个点都不共线,下面说明,仅有的图形是图 A−1 右第 1 和第 2 个.

设 4 个点 A,B,C,D,任何 3 个点都不共线,其中任意两个点可以连接一条线段,共连接出 6 条线段:AB,AC,AD,BD,CD. 这些线段形成的图形中,若任意两条无公共端点线段都不相交,即该图形仅有 4 个交点,即图 A－1 右起第 2 个图,含有 4 个三角形;若 6 条线段中存在两条无公共端点线段相交,例如图 A－1 右起第 2 个图,AC 和 BD 相交于 O 点,则 AD 和 BC,AB 和 DC 不可能相交,此即说明,这些线段形成的图形中,最多有 5 个交点,且其中 A,O,C 共线,B,O,D 共线,故图形中有 8 个三角形.

因此,以平面上 4 个点为端点连接线段,形成的图形中最多可以有 8 个三角形.

3. 一个奇怪的动物庄园里住着猫和狗,狗比猫多 180 只.有 20% 的狗错认为自己是猫,有 20% 的猫错认为自己是狗.所有的猫和狗中,有 32% 认为自己是猫,那么狗共有(   )只.

(A)240   (B)248   (C)420   (D)842

【答案】 (A).

【解答】 设猫有 x 只,狗有 y 只,依题意易得:
$$32\%(x+y)=20\%y+(1-20\%)x,$$
$$x:y=1:4,$$
$$180\div(4-1)\times4=240(只).$$

4. 图 1 中的方格纸中有五个编号为 1、2、3、4、5 的小正方形,将其中的两个涂上阴影,与图中阴影部分正好组成一个正方体的展开图,这两个正方形的编号可以是(   ).

(A)1,2   (B)2,3   (C)3,4   (D)4,5

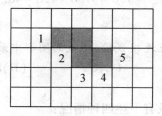

图 1

【答案】 (D).

【解答】 编号分别为(A),(B),(C)和(D)的两个正方形和图中阴影部分分别组成图 A－2 中的各图:

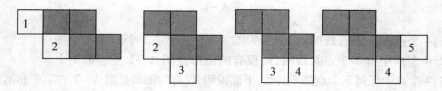

图 A－2

因为正方体每3个侧面共用一个顶点,但图A-2中左起3个图显示正方形有4个侧面共用一个顶点,绝不可能.经操作,图A-2中左起第4个图是正方形的展开图.

5. 在图2所示的算式中,每个字母代表一个非零数字,不同的字母代表不同的数字,则和的最小值是(　　).

$$\begin{array}{r} A\;B\;C \\ +\;D\;E\;F \\ \hline H\;I\;J \end{array}$$

图2

(A)369　　　　(B)396　　　　(C)459　　　　(D)549

【答案】　(C).

【解答】

解法一:

(1)令

$$M = \overline{ABC} + \overline{DEF} + \overline{HIJ},$$

因所有字母正好是1到9各一个,其和为45,所以$9 \mid M$. 但$\overline{ABC} + \overline{DEF} = \overline{HIJ}$,$M = 2 \times \overline{HIJ}$,即$9 \mid 2 \times \overline{HIJ}$. 又$(9, 2) = 1$,所以$9 \mid \overline{HIJ}$,因此$9 \mid (H + I + J)$. 显然,$H + I + J < 27$,因此$H + I + J$只能取9或18. 既然每个字母代表一个非零数字,不同的字母代表不同的数字,可知:H,I和J三个字母,所代表的数字均大于等于3,且其中必有2个大于3,故知H,I和J三个字母所代表的数字之和必大于9. 因此$H + I + J = 18$.

(2)既然要求和最小,则A和D可分别取1和2,H不能取3,否则,有$B + E \geqslant 9$,$C + F \geqslant 10$,因此十位的两个数字之和必有进位,$H = A + D + 1 = 4$,所以H不能取3. 当H取4时,且由$H + I + J = 18$可得I和J取5和9或6和8. 再次依据要求和最小的条件,I和J先取5和9,有$173 + 286 = 459$.

选(C).

解法二:

(1)两个加数的数码和为a,和的数码的和是$a - 9k$,其中k表示进位的次数. 因为百位无进位,$0 \leqslant k \leqslant 2$,则$2a - 9k = 45$,即$2a = 9(k + 5)$,$k$只能是1,所以,$a = 27$,$H + I + J = 18$.

(2)见解法一的第(2)步.

解法三(极值法):

(1)既然要求和最小,则A和D可分别取1和2,H不能取3,否则,则有$B + E \geqslant 9$,$C + F \geqslant 10$,因此H只能取4.

(2)I不能取3,否则余下数字是5,6,7,8,9,且由题目条件"每个字母代表非零数字,不同的字母代表不同的数字",则有$C + F > 10$,故有$B + E + 1 = 13$,B和E可分别取5和7,但是,此时,C,F,J只能取余下数字6,8和9,无法满足:$C + F - 10 = J$. 故为使和尽可能小,I取5.

(3)此时,余下数字是3,6,7,8,9,为使和尽可能小,两个和$B + E$和$C + F$应当尽可能小. 故B和E可分别取7和8,C和F分别取3和6. 故和的最小值是459.

6. 图 3 由相同的正方形和相同的等腰直角三角形构成,则正方形的个数为(   ).

(A)83   (B)79   (C)72   (D)65

【答案】 (A).

【解答】 设图中小格子正方形的面积为 1. 按面积大小将所有正方形分类,进行计数:

面积为 1 的正方形的个数是 $(1+2+3+4)\times 4 = 40$,

面积为 $2^2 = 4$ 的正方形的个数是 $(1+3+5)\times 2 + 7 = 25$,

面积为 $3^2 = 9$ 的正方形的个数是 $2+4+4+2 = 12$,

面积为 $4^2 = 16$ 的正方形的个数是 $2+2+1 = 5$.

外框的大正方形 1 个.

共计有正方形 $40 + 25 + 12 + 5 + 1 = 83$(个).

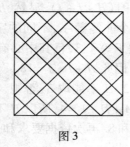

图 3

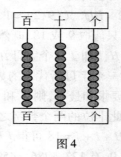

图 4

二、填空题(每小题 10 分,满分 40 分)

7. 图 4 的计数器三个档上各有 10 个算珠,将每档算珠分成上下两部分,得到两个三位数.要求上面部分是各位数字互不相同的三位数,且是下面三位数的倍数,则上面部分的三位数是_____.

【答案】 925.

【解答】 设下面珠子所成的三位数为 a,上面所成三位数为 ka,k 是正整数,则有 $(k+1)a = 1110$,所以 $k+1$ 是 1110 的约数,即整除 1110,$k=1,2,4,5,9$ 分别讨论:

k	1	2	4	5	9
a	555	370	222	185	111

其中,只有 185 符合要求. 所以 $ka = 185 \times 5 = 925$.

8. 四支排球队进行单循环比赛,即每两队都要赛一场,且只赛一场. 如果一场比赛的比分是 3:0 或 3:1,则胜队得 3 分,负队得 0 分;如果比分是 3:2,则胜队得 2 分,负队得 1 分. 比赛的结果各队得分恰好是四个连续的自然数,则第一名的得分是_____分.

【答案】 6.

【解答】 设四个队的总得分分别为：$n, n+1, n+2, n+3$. 由于四支球队进行单循环比赛，共赛 6 场，每场两队得分和为 3 分. 因此

$$n+n+1+n+2+n+3 = 6 \times 3 = 18, n = 3.$$

第一名得分为：$n+3 = 3+3 = 6$.

注：本题的解是存在的. 如：

比赛结果	甲　队	乙　队	丙　队	丁　队
甲　队		2:3(乙得1分)	2:3(丙得1分)	2:3(丁得1分)
乙　队	3:2(甲得2分)		0:3(丙得0分)	3:2(丁得2分)
丙　队	3:2(甲得2分)	3:0(乙得3分)		1:3(丁得0分)
丁　队	3:2(甲得2分)	2:3(乙得1分)	3:1(丙得3分)	
各队总分	6 分	5 分	4 分	3 分

9. 甲、乙两车分别从 A、B 两地同时出发，且在 A, B 两地往返匀速行驶. 若两车第一次相遇后，甲车继续行驶 4 小时到达 B，而乙车只行驶了 1 小时就到达 A，则两车第 15 次(在 A、B 两地相遇次数不计)相遇时，它们行驶了_____小时.

【答案】 86.

【解答】 设甲车车速为 v_1，乙车车速为 v_2. 如图 A - 2，第一次相遇在 C 点，则

$$\frac{AC}{BC} = \frac{v_1}{v_2}.$$

图 A - 2

因为 $AC = v_2, BC = 4v_1$，所以

$$\frac{v_2}{4v_1} = \frac{v_1}{v_2}.$$

即 $v_2 = 2v_1, BC = 2AC$. 因此，从 A 到 B，甲需要 6 小时；乙需要 3 小时.

每 12 个小时，甲在 A 与 B 之间完成一次往返，乙则完成两次. 令 k 为非负整数，在第 $12k$ 个小时与第 $12(k+1)$ 个小时之间：

(1)甲与乙第一次相遇的时间是 $12k+2$，迎面，地点为 C；

(2)甲与乙第二次相遇的时间是 $12k+6$，追及，地点为 B；

(3)甲与乙第三次相遇的时间是 $12k+10$，迎面，地点为 C.

因此，甲车和乙车第 15 次迎面相遇时，它们行驶了 $12 \times 7 + 2 = 86$ 小时.

10. 正方形 $ABCD$ 的面积为 9 平方厘米, 正方形 $EFGH$ 的面积为 64 平方厘米. 如图 5 所示, 边 BC 落在 EH 上. 已知三角形 ACG 的面积为 6.75 平方厘米, 则三角形 ABE 的面积为 _____ 平方厘米.

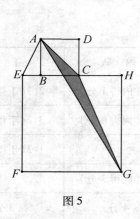

图 5　　　　　　　　　　　图 A－3

【答案】　2.25.

【解答】　易知正方形 $ABCD$ 的边长为 3 厘米. 正方形 $EFGH$ 的边长为 8 厘米. 延长 AD, GH 相交于 K. 如图 A－3, $DCHK$ 是长方形.

设 $DK = CH = x$, 则由三角形 AKG 的面积

$$\frac{11 \times (3+x)}{2} = 5.5(3+x)$$

等于三角形 ADC 的面积 4.5、长方形 $CDKH$ 的面积 $3x$、三角形 CGH 的面积 $4x$、三角形 ACG 的面积 6.75 之和, 列得方程

$$5.5 \times (3+x) = 4.5 + 3x + 4x + 6.75,$$

解得 $x = 3.5($厘米$)$.

所以, $BH = 3 + 3.5 = 6.5$, 因此 $EB = 8 - 6.5 = 1.5($厘米$)$.

因此三角形 ABE 面积为

$$\frac{EB \times AB}{2} = \frac{1.5 \times 3}{2} = 2.25($平方厘米$)$$.

决赛网络版试题解答

一、填空题(每小题 10 分,共 80 分)

1. 算式 $\frac{3}{2} \times \left[2\frac{2}{3} \times \left(1.875 - \frac{5}{6} \right) \right] \div \left[\left(0.875 + 1\frac{5}{6} \right) \div 3\frac{1}{4} \right]$ 的值为_____.

【答案】 5.

【解答】

$$原式 = \frac{3}{2} \times \left[\frac{8}{3} \times \left(\frac{15}{8} - \frac{5}{6} \right) \right] \div \left[\left(\frac{7}{8} + \frac{11}{6} \right) \div \frac{13}{4} \right]$$

$$= \frac{3}{2} \times \left[\frac{8}{3} \times \frac{45-20}{24} \right] \div \left[\frac{21+44}{24} \div \frac{13}{4} \right]$$

$$= \frac{3}{2} \times \left[\frac{25}{9} \right] \div \left[\frac{65}{24} \times \frac{4}{13} \right] = \frac{25}{6} \div \frac{5}{6} = 5.$$

2. 小龙的妈妈比爸爸小 3 岁,妈妈今年的年龄是小龙今年的 9 倍,爸爸明年的年龄是小龙明年的 8 倍,那么爸爸今年_____岁.

【答案】 39.

【解答】 要想让明年妈妈的年龄还是小龙的 9 倍,那么妈妈的年龄就应该增加 9 岁而不只是增加 1 岁,即要多增加 8 岁,此时与爸爸明年的年龄相差 8－3＝5(岁),所以小龙明年的年龄为 5÷(9－8)＝5(岁),爸爸今年的年龄为 5×8－1＝39(岁).

3. 某水池有 A,B 两个排水龙头.同时打开两个龙头排水,30 分钟可将满池的水排尽;同时打开两个龙头排水 10 分钟,然后关闭 A 龙头,B 龙头继续排水,30 分钟后也可以将满池的水排尽.那么单独打开 B 龙头,需要_____分钟才能排尽满池的水.

【答案】 45.

【解答】

解法一:将排尽满池的水作为工作量分成 30 份.现在 A 和 B 两个龙头同时打开 10 分钟排水,则完成了 10 份工作量,还有 20 份工作量,B 龙头用了 30 分钟完成,则一份工作量用了

$$30 \div 20 = 1.5(分钟).$$

因此,B 龙头完成 30 份工作量的时间为

$$30 \times 1.5 = 45(\text{分钟}).$$

解法二（代数解法）设 A 和 B 每分钟分别排水 v_1 吨和 v_2 吨，满池的水有 S 吨. 于是

$$S = 30(v_1 + v_2) = 10v_1 + 40v_2.$$

由此得到：$2v_1 = v_2$，进而 $v_1 = 0.5v_2$，

$$S = 30(v_1 + v_2) = 30 \times (0.5v_2 + v_2) = 45v_2.$$

由此可见，单独打开 B 龙头，排尽满池的水需 45 分钟.

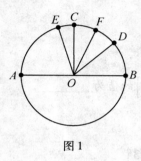

图 1

4. 如图 1，圆 O 的面积为 32，$OC \perp AB$，$\angle AOE = \angle EOD$，$\angle COF = \angle FOD$，则扇形 EOF 的面积为 _____.

【答案】 4.

【解答】 设 $\angle COD = x$，则

$$\angle AOE = \frac{1}{2}(90° + x) = 45° + \frac{1}{2}x,$$

$$\angle COE = 90° - \left(45° + \frac{1}{2}x\right) = 45° - \frac{1}{2}x,$$

$$\angle COF = \frac{1}{2}x,$$

$$\angle EOF = \angle EOC + \angle COF = 45°.$$

故扇形 EOF 的面积为

$$\frac{45}{360} \times 32 = 4.$$

5. 算式

$$\frac{50}{11} + \frac{55}{12} + \frac{60}{13} + \frac{65}{14} + \frac{70}{15} + \frac{75}{16} + \frac{80}{17} + \frac{85}{18} + \frac{90}{19} + \frac{95}{20}$$

的值的整数部分为 _____.

【答案】 46.

【解答】

$$\text{原式} = 5 \times \left[10 - \left(\frac{1}{11} + \frac{1}{12} + \frac{1}{13} + \frac{1}{14} + \frac{1}{15} + \frac{1}{16} + \frac{1}{17} + \frac{1}{18} + \frac{1}{19} + \frac{1}{20} \right) \right]$$

$$= 50 - 5 \times \left[\left(\frac{1}{11} + \frac{1}{20} \right) + \left(\frac{1}{12} + \frac{1}{19} \right) + \left(\frac{1}{13} + \frac{1}{18} \right) + \left(\frac{1}{14} + \frac{1}{17} \right) + \left(\frac{1}{15} + \frac{1}{16} \right) \right]$$

$$= 50 - 5 \times \left(\frac{31}{11 \times 20} + \frac{31}{12 \times 19} + \frac{31}{13 \times 18} + \frac{31}{14 \times 17} + \frac{31}{15 \times 16} \right),$$

所以

$$\text{原式} < 50 - 25 \times \frac{31}{15 \times 16} = 50 - \frac{155}{48} = 47 - \frac{11}{48}$$

$$\text{原式} > 50 - 25 \times \frac{31}{11 \times 20} = 50 - \frac{155}{44} = 46 + \frac{21}{44}$$

从而原式的整数部分为46.

6. 图2中，正方形 $ABCD$ 的面积为 840 平方厘米，$AE=EB,BF=2FC,DF$ 与 EC 相交于 $G.$ 则四边形 $AEGD$ 的面积为 _____ 平方厘米.

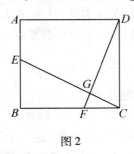
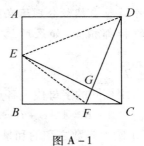

图2　　　　　　　　　　图 A-1

【答案】 510.

【解答】 连接 DE,EF,如图 A-1,记三角形 EBF 的面积为 $\triangle_1$,三角形 EFG 的面积为 $\triangle_2$,三角形 GFC 的面积为 $\triangle_3$,三角形 DEG 的面积为 $\triangle_4$,三角形 DGC 的面积为 $\triangle_5$.

由已知条件,知

$$\triangle_1 + \triangle_2 + \triangle_3 = 210(\text{平方厘米}),$$
$$\triangle_5 + \triangle_4 = 420(\text{平方厘米}),$$
$$\triangle_2 + \triangle_3 = 70(\text{平方厘米}),$$
$$\triangle_5 + \triangle_3 = 140(\text{平方厘米}).$$

而

$$\frac{\triangle_4}{\triangle_5} = \frac{\triangle_2}{\triangle_3},$$

从而

$$\frac{\triangle_4 + \triangle_5}{\triangle_5} = \frac{\triangle_2 + \triangle_3}{\triangle_3} \text{或} \frac{420}{\triangle_5} = \frac{70}{\triangle_3},$$

即

$$\triangle_5 = 6\triangle_3 = 6(140 - \triangle_5) \text{或} 7\triangle_5 = 840(\text{平方厘米}), \triangle_5 = 120(\text{平方厘米}),$$

故四边形 $AEGD$ 的面积为

$$840 - 210 - 120 = 510(\text{平方厘米}).$$

7. 一个自然数无论从左向右或从右向左读都是一样的数称之为"回文数",例如: 909. 那么所有三位"回文数"的平均数是 _____.

【答案】 550.

【解答】 三位回文数一定是 $\overline{aba}$ 的形式. 若 $a \neq 5$,那么 $\overline{(10-a)(9-b)(10-a)}$ 也一定是回文数,且这两个回文数不同,他们的平均数一定是

$$\left[\overline{aba}+\overline{(10-a)(9-b)(10-a)}\right]\div 2 = 1100 \div 2 = 550.$$

若 $a = 5$,那么只有 505、515、$\cdots$、595 这十个数,它们的平均数也是 550.

因此,所有三位回文数的平均数是 550.

8. 将七个连续自然数分别填在图 3 中五个圆的交点 A, B, C, D, E, F, G 处,使得每个圆上的数的和都相等. 如果所填的数都大于 0 且不大于 10,则填在点 G 处的数是_____.

【答案】 7.

【解答】 用相同的字母代表各点处所填的数. 由题意有

$$A + B = A + C + D = B + F + E = D + G + E = C + G + F.$$

这样,所有五个圆上各数之和的和是七个连续数之和的 2 倍. 因此,这七个连续数之和必能被 5 整除. 因为 7 不能被 5 整除,且 5 个连续自然数的和必能整除 5,所以其中最小数和最大数之和必能被 5 整除. 在不大于 10 的连续七个数中,只有 2、3、4、5、6、7、8 这七个数满足要求. 这样,每个圆上的数之和为 14,因而 $G = 7$.

一种填法如图 A－2.

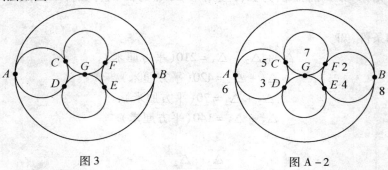

图 3　　　　　　　　　　图 A－2

二、回答下列各题(每小题 10 分,共 40 分,写出答案即可)

9. 一只小虫在图 4 所示的线路中从 A 爬到 B. 规定:小虫只能沿图中所标示的箭头方向行进,而且每条边在同一路线中至多容许小虫通过一次. 那么小虫从 A 到 B 的不同路线有_____条.

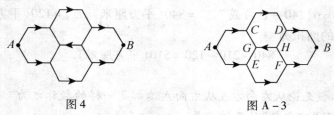

图 4　　　　　　　　　图 A－3

【答案】 10.

【解答】 见图 A－3,小虫的爬行路线经过 C 的有以下 5 条:

$A \rightarrow C \rightarrow D \rightarrow B$,

$A \rightarrow C \rightarrow D \rightarrow H \rightarrow F \rightarrow B$,

$A \rightarrow C \rightarrow D \rightarrow H \rightarrow G \rightarrow E \rightarrow F \rightarrow B$,

$A \rightarrow C \rightarrow G \rightarrow E \rightarrow F \rightarrow B$,

$A \rightarrow C \rightarrow G \rightarrow E \rightarrow F \rightarrow H \rightarrow D \rightarrow B$.

由对称性,可知小虫的爬行路线经过 E 的也有 5 条.所以总的不同路线有 10 条.

10. 图 5 是由 1 平方分米的正方形瓷砖铺砌的墙面的残片.问:图中由格点 A,B, C,D 为顶点的四边形 $ABCD$ 的面积等于多少平方分米?

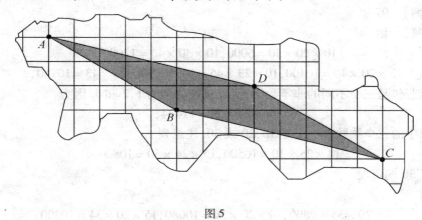

图 5

【答案】 14.

【解答】 按格线恢复的网格如图 A-4,得长方形 $AKCL$ 面积为 65 平方分米.因此

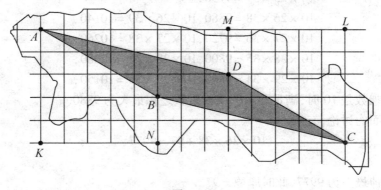

图 A-4

四边形 $ABCD$ 的面积

=65 -三角形 AMD 的面积 -三角形 CNB 的面积 -梯形 $CLMD$ 的面积 -梯形

$AKNB$ 的面积

$$= 65 - \frac{1}{2} \times 2 \times 8 - \frac{1}{2} \times 2 \times 8 - \frac{1}{2} \times (2+5) \times 5 - \frac{1}{2} \times (2+5) \times 5$$

$$= 65 - 51 = 14 (平方分米).$$

11. 在等式

$$\overline{爱国} \times \overline{创新} \times \overline{包容} + \overline{厚德} = \overline{北京精神}$$

中,每个汉字代表 0~9 的一个数字,爱、国、创、新、包、容、厚、德分别代表不同的数字. 当四位数北京精神最大时,厚德为多少?

【答案】 97.

【解答】 因为

$$10 \times 20 \times 30 = 6000, 10 \times 30 \times 40 = 12000,$$

$$13 \times 20 \times 40 = 10400, 10 \times 23 \times 45 = 10350, 10 \times 25 \times 43 = 10750,$$

而且爱、创、包是三个不同的非零数字,所以只能分别为 1,2 和 3. 因为

$$14 \times 24 \times 34 = 11424,$$

所以乘积中的三个乘数有一个是 10,20 或 30. 注意到

$$14 \times 25 \times 30 = 10500, 15 \times 24 \times 30 = 10800,$$

就排除了 30 的可能.

因为

$$14 \times 20 \times 35 = 9800, 14 \times 20 \times 36 = 10080, 15 \times 20 \times 34 = 10200,$$

所以有一个乘数是 20 时,满足要求的 3 个乘数之积最大为 9800.

因为

$$10 \times 24 \times 39 = 9360,$$

$$10 \times 25 \times 39 = 9750,$$

$$10 \times 26 \times 38 = 9880, 10 \times 26 \times 39 = 10140,$$

$$10 \times 27 \times 36 = 9720, 10 \times 27 \times 38 = 10260,$$

$$10 \times 28 \times 35 = 9800, 10 \times 28 \times 36 = 10080,$$

$$10 \times 29 \times 34 = 9860, 10 \times 29 \times 35 = 10150,$$

所以有一个乘数是 10 时,满足要求的 3 个乘数之积最大为 9880.

综合上面的讨论,有

$$10 \times 26 \times 38 + 97 = 9977,$$

$\overline{北京精神}$ 最大为 9977,此时厚德 $= 97$.

12. 求最小的自然数,它恰好能表示成四种不同的不少于两个的连续非零自然数之和.

【答案】 81.

【解答】 设 $k > 1$，记 k 个连续非零自然数之和为

$$N = a + a + 1 + \cdots + a + k - 1 = \frac{k(2a + k - 1)}{2},$$

k 与 $2a + k - 1$ 的奇偶性不同（即个数与首尾项之和奇偶性不同），且 $k < 2a + k - 1$，因此 N 有大于 1 的奇因数. 另一方面，设 $n > 1$ 且 $N = m(2n + 1)$，则

$$N = \begin{cases} (n - m) + 1 + (n - m) + 2 + \cdots + (n - m) + 2m, & \text{当 } n \geq m \text{ 时,} \\ (m - n) + (m - n) + 1 + \cdots + (m - n) + 2n, & \text{当 } n < m \text{ 时.} \end{cases}$$

综上所述，自然数 N 的奇因数，与将 N 表示成连续自然数之和的表达式一一对应. 因此，若 N 恰可以表示成四种不同的两个以上的连续自然数之和，则 N 恰有四个大于 1 的奇因数，连同 1 共五个. 求最小的 N，N 就不能再有偶数因数. 因此 N 是完全平方数. 有两个不同奇因数的完全平方数都大于 $3^4 = 81$，而 81 恰有四个大于 1 的奇因数：3，9，27，81. 所以题目所求的最小自然数为 81，而且

$$81 = \begin{cases} 40 + 41, \\ 11 + 12 + 13 + 14 + 15 + 16, \\ 5 + 6 + \cdots + 13, \\ 26 + 27 + 28. \end{cases}$$

决赛笔试试题 A 卷解答

一、填空题(每小题10分,共80分)

1. 算式 $10 - 10.5 \div [5.2 \times 14.6 - (9.2 \times 5.2 + 5.4 \times 3.7 - 4.6 \times 1.5)]$ 的值为_____.

【答案】 9.3.

【解答】

$$\text{原式} = 10 - \frac{21}{2} \div (5.2 \times 14.6 - 9.2 \times 5.2 - 5.4 \times 3.7 + 4.6 \times 1.5)$$

$$= 10 - \frac{21}{2} \div [5.2 \times (14.6 - 9.2) - 5.4 \times 3.7 + 4.6 \times 1.5]$$

$$= 10 - \frac{21}{2} \div (5.2 \times 5.4 - 5.4 \times 3.7 + 4.6 \times 1.5)$$

$$= 10 - \frac{21}{2} \div [5.4 \times (5.2 - 3.7) + 4.6 \times 1.5]$$

$$= 10 - \frac{21}{2} \div (5.4 \times 1.5 + 4.6 \times 1.5)$$

$$= 10 - \frac{21}{2} \div 15 = 9.3.$$

2. 箱子里已有若干个红球和黑球,放入一些黑球后,红球占全部球数的四分之一;再放入一些红球后,红球的数量是黑球的三分之二. 若放入的黑球和红球数量相同,则原来箱子里的红球与黑球数量之比为_____.

【答案】 1:2.

【解答】 原来红球有 x 个,黑球有 y 个,放入的黑球有 z 个,放入的红球有 z 个,那么

$$\frac{x}{x+y+z} = \frac{1}{4}, \frac{x+z}{y+z} = \frac{2}{3}.$$

因此, $\frac{x}{y+z} = \frac{1}{3}, \frac{z}{y+z} = \frac{1}{3}$. 那么, $x = z$. 所以, $\frac{y+z}{x} = \frac{y}{x} + 1 = 3$, 即: $\frac{x}{y} = \frac{1}{2}$.

3. 有两个体积之比为 5：8 的圆柱，它们的侧面的展开图为相同的长方形，如果把该长方形的长和宽都增加 6，其面积增加了 114. 那么这个长方形的面积为_____.

【答案】 40.

【解答】 设长方形的长为 x，宽为 y，则有

$$(x+6) \times (y+6) - xy = 114,$$

化简得，

$$x + y = 13.$$

两个圆柱的体积之比为长方形的宽与长之比，所以，$y : x = 5 : 8$ 易得，$x = 8$，$y = 5$. 长方形的面积为 40.

4. 甲、乙两个粮库原来各存有整袋的粮食，如果从甲粮库调 90 袋到乙粮库，则乙粮库存粮的袋数是甲粮库的 2 倍. 如果从乙粮库调若干袋到甲粮库，则甲粮库存粮的袋数是乙粮库的 6 倍. 那么甲粮库原来最少存有_____袋粮食.

【答案】 153.

【解答】 设甲粮库原有 x 袋，乙粮库原有 y 袋，从乙粮库调到甲粮库 n 袋. 据题意有

$$\begin{cases} y + 90 = 2(x - 90) \\ x + n = 6(y - n) \end{cases}$$

于是

$$\begin{cases} y = 2x - 270, & \text{①} \\ x = 6y - 7n. & \text{②} \end{cases}$$

将①代入②得

$$11x = 1620 + 7n, \quad x = 147 + \frac{7n + 3}{11}.$$

故 $11 \mid 7n + 3$，进而 $n = 11k + 9$. 所以

$$x = 153 + 7k, y = 14k + 36.$$

由 $n \geq 0$ 得 $k \geq 0$，故 $x \geq 153$.

甲粮库原来最少存有 153 袋粮食.

5. 现有 211 名同学和四种不同的巧克力，每种巧克力的数量都超过 633 颗. 规定每名同学最多拿三颗巧克力，也可以不拿. 若按照所拿巧克力的种类和数量是否都相同分组，则人数最多的一组至少有_____名同学.

【答案】 7.

【解答】 将巧克力分类为 A，B，C，D 种，则可能的拿法：

(1) 不拿. 1 种可能.

(2) 拿一颗. 4 种可能，即 A，B，C，D.

（3）拿两颗. 两颗是同种巧克力, 4 种可能:(A,A),(B,B),(C,C)(D,D);两颗是不同种的巧克力, 6 种可能:(A,B),(A,C),(A,D),(B,C),(B,D),(C,D).

（4）拿三颗. 三颗是同种巧克力, 4 种可能:(A,A,A),(B,B,B),(C,C,C),(D,D,D);三颗中有两颗为同种巧克力另外一颗为不同种巧克力, 12 种可能:(A,A,B),(A,A,C),(A,A,D),(B,B,A),(B,B,C),(B,B,D),(C,C,A),(C,C,B),(C,C,D),(D,D,A),(D,D,B),(D,D,C);三颗为三种不同的巧克力, 4 种可能:(A,B,C),(A,B,D),(A,C,D),(B,C,D).

故共有 35 种可能,因为 $211 = 35 \times 6 + 1$,则根据抽屉原理,至少有 7 名同学所拿的巧克力是相同的.

6. 张兵 1953 年出生,在今年之前的某一年,他的年龄是 9 的倍数并且是这一年的各位数字之和,那么这一年他_____岁.

【答案】 18.

【解答】 设某一年是 $\overline{19xy}$ 或 $\overline{20xy}$.

当某一年是 $\overline{20xy}$ 时,有

$$\overline{20xy} - 1953 = 2 + x + y$$

即

$$100 + 10x + y - 53 = 2 + x + y, 45 + 9x = 0,$$

这是不可能的.

考虑某年是 $\overline{19xy}$,有

$$\overline{19xy} - 1953 = 1 + 9 + x + y,$$

即

$$10x + y - 53 = 10 + x + y, 9x = 63,$$

所以 $x = 7$.

张兵的年龄是:

$$\overline{197y} - 1953 = 20 + y - 3,$$

它又是 9 的倍数,只能是

$$20 + y - 3 = 18.$$

解得 $y = 1$.

张兵于 1953 年出生,某年是 1971 年,他的岁数:$1971 - 1953 = 18$(岁).

7. 图 1 是一个五棱柱的平面展开图,图中的正方形边长都为 2. 按图所示数据,这个五棱柱的体积等于_____.

【答案】 7.

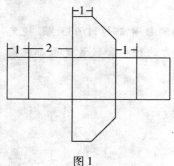

图 1

【解答】 这个五棱柱是从一个棱长等于 2 的正方体切去一个三棱柱后所成的立体,见图 A－1.

三棱柱的底面积是 $\frac{1}{2}$,体积为 1,所以五棱柱的体积是 7.

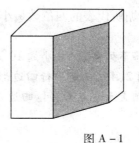

图 A－1

8. 在乘法算式

$$\overline{草绿} \times \overline{花红了} = \overline{春光明媚}$$

中,汉字代表非零数字,不同汉字代表不同的数字,那么春光明媚所代表的四位数最小是_____.

【答案】 4396.

【解答】 由算式中汉字代表非零数字,不同汉字代表不同的数字的条件,可知:"绿"、"了"和"媚"不能代表数字 5;春光明媚所代表的四位数大于 3000.

(1)先假设"春"代表 3,则"草"和"花"只能分别代表 1 和 2 或 2 和 1.

1)如果"绿"(或"了")代表 6,此时,"了"(或"绿")所能代表的数字则取自｛4,7,8,9｝,当"了"(或"绿")取｛4,7,8｝时,算式中必将出现重复数字;当"了"(或"绿")取 9 时,

$$\overline{草绿} \times \overline{花红了} \geq 26 \times 159 = 4134,$$

说明"了"和"绿"均不能代表 6.

2)如果"绿"代表 4,由已知条件和前面陈述,"了"不能代表 1,2,3,5,6 和 4,"了"也不能代表数字 8,否则算式中将出现重复数字,故只能取 7 或 9. 当草绿 = 14 和"红"代表的数字大于 7 时,

$$\overline{草绿} \times \overline{花红了} \geq 14 \times 287 = 4018.$$

但是,其余的算式,即

$$14 \times 257,14 \times 259,14 \times 267,14 \times 269,14 \times 279,$$

和它们的积中有重复数字;当草绿 = 24 和"红"代表的数字大于 5 时,

$$\overline{草绿} \times \overline{花红了} \geq 24 \times 167 = 4008.$$

但是,其余的算式,即 24 × 157,24 × 159 和它们的积中有重复数字. 故"绿"不能代表 4.

3)如果"绿"代表的数字大于 6,即为 7 或 8 或 9 时,

$$\overline{草绿} \times \overline{花红了} \geq 27 \times 148 = 3996,$$

即春光明媚代表的四位数大于 3999 或有重复数字.

已知"绿"不能代表 5,且由 1),2)和 3),当"春"代表 3 时,"绿"不能代表 1,2,3,4,6,7,8,9,即意味矛盾,"春"不能代表 3.

(2)设"春"代表 4,且由"求最小四位数的要求",可进一步设"光" = 3. 此时,"草"和"花"只能分别代表 1 和 2 或 2 和 1,"绿"、"了"和"媚"只能取 6、7、8 和 9 中的数字,由"绿" × "了"的个位是"媚",7 × 8 = 56,故"媚"字只能取 6,春光明媚取为 4396 或 4356,分解 4396 和 4356,其中 28 × 157 = 4396 满足题目要求.

春光明媚所代表的四位数最小是 4396.

二、解答下列各题(每小题 10 分,共 40 分,要求写出简要过程)

9. 如图 2,$ABCD$ 是平行四边形,E 为 AB 延长线上一点,K 为 AD 延长线上一点.连接 BK,DE 相交于一点 O.问:四边形 $ABOD$ 与四边形 $ECKO$ 的面积是否相等?请说明理由.

【答案】 是.

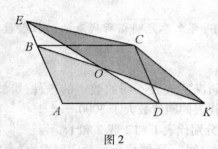

图 2

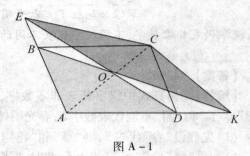

图 A – 1

【解答】 连接 AC. 如图 A – 1,则

$$S_{ECKB} = S_{\triangle CEB} + S_{\triangle BCK}$$
$$= S_{\triangle CEB} + S_{\triangle BCA}$$
$$= S_{\triangle ACE} = S_{\triangle EAD},$$

所以

$$S_{ECKB} - S_{\triangle OBE} = S_{\triangle EAD} - S_{\triangle OBE}.$$

因此 $S_{四边形ECKO} = S_{四边形ABOD}$. 即

四边形 $ABOD$ 的面积 = 四边形 $ECKO$ 的面积.

图 3

10. 能否用 500 个图 3 所示的 1×2 的小长方形拼成一个 5×200 的大长方形,使得 5×200 的长方形的每一行、每一列都有偶数个星?请说明理由.

【答案】 能.

【解答】 首先构造 5×4 的长方形如图 A – 2 所示:

然后用 50 个 5×4 的长方形即可拼成 5×200 的长方形.

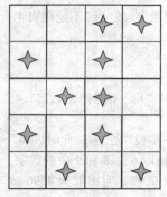

图 A – 2

11. 将一个 $2n$ 位数的前 n 位数和后 n 位数各当成一个数,如果这两个数之和的平方正好等于这个 $2n$ 位数,则称这个 $2n$ 位数为卡布列克(Kabulek)怪数,例如,

$(30+25)^2 = 3025$,所以 3025 是一个卡布列克怪数. 请问在四位数中有哪些卡布列克怪数?

【答案】 2025,3025,9801.

【解答】 设一个四位卡布列克怪数为 $100x+y$,其中 $10 \leqslant x \leqslant 99, 0 \leqslant y \leqslant 99$. 则由题意知 $100x+y = (x+y)^2$,两边模 99 得

$$x+y \equiv (x+y)^2 (\mathrm{mod}\,99),$$

因此 $99 \mid (x+y)(x+y-1)$,故 $x+y$ 与 $x+y-1$ 中有一个能被 9 整除,也有一个能被 11 整除(可能是同一个数),且有 $10^2 \leqslant (x+y)^2 = 100x+y < 100^2$,即

$$10 \leqslant x+y < 100. \hspace{3cm} (*)$$

若 $x+y$ 能被 99 整除,由 $(*)$ 知 $x+y$ 只能是 99,满足条件的四位数是 9801;若 $x+y-1$ 能被 99 整除,由 $(*)$,显然没有满足条件的四位数;此外,可设 $x+y = 9m, x+y-1 = 11n$,则有 $9m - 11n = 1$,由 $(*)$,m 和 n 均为小于 12 的正整数,故得到 $m=5, n=4, x+y$ 只能是 45,满足条件的四位数是 2025;反之,可设 $x+y-1 = 9m, x+y = 11n$,满足条件的四位数是 3025.

故四位数中有 3 个卡布列克怪数,它们分别为 2025,3025 和 9801.

12. 已知 98 个互不相同的质数 $p_1, p_2, \cdots, p_{98}$,记 $N = p_1^2 + p_2^2 + \cdots + p_{98}^2$,问:$N$ 被 3 除的余数是多少?

【答案】 1 或 2.

【解答】 对于质数 3,3^2 被 3 整除. 其余的质数,要么是 $3k+1$ 型的数,要么是 $3k+2$ 型的数. 由于

$$(3k+1)^2 = 9k + 6k + 1 = 3(3k^2 + 2k) + 1,$$

被 3 除余 1,且

$$(3k+2)^2 = 9k^2 + 12k + 4 = 3(3k^2 + 4k + 1) + 1,$$

被 3 除也余 1. 因此有

(1)若这 98 个质数包含 3 时,N 被 3 除的余数等于 97 被 3 除的余数,等于 1.

(2)若这 98 个质数不包含 3 时,N 被 3 除的余数等于 98 被 3 除的余数,等于 2.

三、解答下列各题(每小题 15 分,共 30 分,要求写出详细过程)

13. 小李和小张在一个圆形跑道上匀速跑步,两人同时同地出发,小李顺时针跑,每 72 秒跑一圈;小张逆时针跑,每 80 秒跑一圈. 在跑道上划定以起点为中心的 $\frac{1}{4}$ 圆弧区间,那么会出现多次两人同时都在划定的区间内跑的情形,每次持续的时间可能长短不一. 问:所有可能持续的时间各为多少秒?

【答案】 3,9,11,18.

【解答】

解法一：

设起跑时间为 0 秒时刻，则小李和小张在划定区间跑的时间段分别为

$$[0,9],[72k-9,72k+9], k=1,2,3,\cdots,$$

和

$$[0,10],[80m-10,80m+10], m=1,2,3,\cdots.$$

其中 $[a,b]$ 表示第 a 秒时刻至第 b 秒时刻. 显然 $[0,9]$ 是前 9 秒里两类时间段的公共部分. 此外，考虑 $[72k-9,72k+9]$ 和 $[80m-10,80m+10]$ 的公共区间，k,m 为正整数，分两种情况：

（1）$72k=80m$，即小李和小张分别跑了 k 圈和 m 圈同时回到起点，他们二人同时在划定区域跑了 18 秒.

（2）$72k\neq80m$，例如

```
     72k-9              72k+9
  ┌────────────┬──────────┐
      80m-10               80m+10
```

$$72k-9\leq80m-10\leq72k+9\leq80m+10\Leftrightarrow1\leq80m-72k\leq19 \qquad ①$$

两人同时在划定区域内跑了 $72k+9-(80m-10)=19-(80m-72k)$. 由①知 $80m-72k=8,16$. 于是两人同时在划定区域内跑持续时间为 11 秒或 3 秒. 其他情况类似可得同样结果.

综上，答案为 $3,9,11,18$.

解法二：

小李第 t 秒时刻，位于起点至顺时针方向 $\frac{1}{4}$ 圆弧区间，且跑了不足 1 圈时，则 $0\leq t\leq9$；小张第 t 秒时刻，位于起点至逆时针方向 $\frac{1}{4}$ 圆弧区间，且跑了不足 1 圈时，则 $0\leq t\leq10$，显然，第 0 秒时刻至第 9 秒时刻，共 9 秒，小李和小张在划定的区间内跑步.

小李第 t 秒时刻，位于起点为中心的 $\frac{1}{4}$ 圆弧区间内，则

$$72k-9\leq t\leq72k+9，其中 k 是非负整数； \qquad (*)$$

小张第 t 秒时刻，位于起点为中心的 $\frac{1}{4}$ 圆弧区间内，则

$$80m-10\leq t\leq80m+10，其中 m 是非负整数. \qquad (**)$$

比较 $(*)$ 和 $(**)$，

1）设 $72k-9\leq80m-10$，即 $72k-80m\leq-1$，则有 $72k+9\leq80m+10$，因此，

$$72k-9\leq80m-10\leq t\leq72k+9\leq80m+10，$$

$$0\leq(72k+9)-(80m-10)=72k-80m+19\leq18.$$

因为 $72k-80m+19=8\times(9k-10m)+19$，只有 $72k-80m+19=3$ 或 11，k 和 m 才有整数解.

2) 类似,可设 $80m + 10 \leq 72k + 9$,则有 $80m - 72k + 19 \leq 18$,只有 $80m - 72k + 19 = 3$ 或 11.

3) 除 1) 和 2) 之外,尚有

$$80m - 10 \leq 72k - 9 \leq t \leq 72k + 9 \leq 80m + 10, \qquad (\ast\ast\ast)$$

不可能有

$$72k - 9 \leq 80m - 10 \leq t \leq 80m + 10 \leq 72k + 9,$$

从 $(\ast\ast\ast)$ 可知:18 秒也是小李和小张两人同时在划定区间跑步所持续的时间.

答案为 3,9,11,18.

14. 把一个棱长均为整数的长方体的表面都涂上红色,然后切割成棱长为 1 的小立方块,其中,两面有红色的小立方块有 40 块,一面有红色的小立方块有 66 块,那么这个长方体的体积是多少?

【答案】 150.

【解答】 设立方体的长,宽,高分别为 z,y,x,其中 $x \leq y \leq z$,且为整数. 注意,两面有红色的小立方块只能在长方体的棱上出现.

如果 $x = 1, y = 1$,则没有两面为红色的立方块,不符合题意.

如果 $x = 1, y > 1$,则没有只有一面为红色的立方块,不符合题意.

因此 $x \geq 2$. 此时两面出现红色的方块只能与长方体的棱共棱. 一面出现红色的方块只能与立方体的面共面. 有下面的式子成立

$$4 \times \left[(x-2) + (y-2) + (z-2) \right] = 40, \qquad ①$$
$$2 \times \left[(x-2)(y-2) + (x-2)(z-2) + (y-2)(z-2) \right] = 66. \qquad ②$$

由①得到

$$x + y + z = 16 \qquad ③$$

由②得到

$$xy + xz + yz = 85. \qquad ④$$

由③和④可得,$x^2 + y^2 + z^2 = 86$,这样 $1 \leq x, y, z \leq 9$. 由④得到

$$(x+y)(x+z) = 85 + x^2 \qquad ⑤$$

若 $x = 2$,则由⑤得到 $(2+y)(2+z) = 85 + 4 = 89 = 1 \times 89$,$y, z$ 的取值不能满足③.

若 $x = 3$,则由⑤得到 $(3+y)(3+z) = 85 + 9 = 94 = 2 \times 47$,$y, z$ 的取值不能满足③.

若 $x = 4$,则由⑤得到 $(4+y)(4+z) = 85 + 16 = 101 = 1 \times 101$,$y, z$ 的取值不能满足③.

当 $x = 5$ 时,由⑤得到 $(5+y)(5+z) = 85 + 25 = 110 = 2 \times 5 \times 11$,此时 $y = 5, z = 6$ 满足条件.

如果 $x \geq 6$,则 $x + y + z \geq 18$,与③矛盾.

综上,$x = 5, y = 5, z = 6$ 是问题的解,这时长方体的体积为 150.

决赛笔试试题 B 卷解答

一、填空题（每小题 10 分，共 80 分）

1. 算式 $\dfrac{46}{75} \div \left(\dfrac{5}{12} + \dfrac{11}{15} \right) - \dfrac{12}{55}$ 的值为 _____.

【答案】 $\dfrac{52}{165}$.

【解答】 原式 $= \dfrac{46}{75} \div \dfrac{23}{20} - \dfrac{12}{55} = \dfrac{8}{15} - \dfrac{12}{55} = \dfrac{88 - 36}{165} = \dfrac{52}{165}$.

2. 设 $a \triangle b$ 和 $a \triangledown b$ 分别表示取 a 和 b 两个数的最小值和最大值，如 $3 \triangle 4 = 3, 3 \triangledown 4 = 4$. 那么对于不同的数 $x, 5 \triangledown (4 \triangledown (x \triangle 4))$ 的取值共有 _____ 个.

【答案】 1.

【解答】 若 x 大于 4，则 $x \triangle 4 = 4$. 所以
$$5 \triangledown (4 \triangledown (x \triangle 4)) = 5 \triangledown (4 \triangledown 4) = 5 \triangledown 4 = 5.$$
若 x 不大于 4，则 $x \triangle 4 = x$，所以
$$5 \triangledown (4 \triangledown (x \triangle 4)) = 5 \triangledown (4 \triangledown x) = 5 \triangledown 4 = 5.$$
对所有 $x, 5 \triangledown (4 \triangledown (x \triangle 4))$ 的值都为 5.

3. 里山镇到省城的高速路全长 189 千米，途经县城，里山镇到县城 54 千米. 早上 8：30，一辆客车从里山镇开往县城，9：15 到达，停留 15 分钟后开往省城，11：00 到达. 另有一辆客车于同天早上 8：50 从省城径直开往里山镇，每小时行驶 60 千米. 那么两车相遇的时间为 _____.

【答案】 10：08.

【解答】 设两车相遇时，第二辆车开了 x 分钟. 省城到县城的路程为
$$189 - 54 = 135 \text{（千米）},$$
第一辆车从县城开往省城的速度为
$$135 \div 90 = 1.5 \text{（千米/分）}.$$
第二辆车每分钟行驶 1 千米，在第一辆车从县城开往省城之前只开了 40 分钟，不可能到达县城. 所以两车相遇在省城和县城之间，相遇时，有

$$x + 1.5(x - 40) = 135.$$

解得 $x = 78$，此时的时间是 8:50 再加上 78 分，为 10 时 8 分.

4. 有高度相同的一段方木和一段圆木，如图 1 所示，体积之比是 $1:1$. 如果将方木加工成尽可能大的圆柱，将圆木加工成尽可能大的长方体，则得到的圆柱体积和长方体的体积的比值为_____.

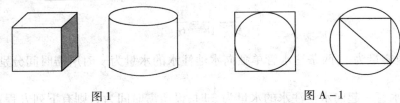

图 1　　　　　　　　　图 A-1

【答案】 $\dfrac{\pi^2}{8}$.

【解答】 因为加工前的方木和圆柱，高度相同，体积相等，所以加工后新的圆柱和长方体的体积的比值，就是原正方形底面加工后成最大的圆面的面积之比的比值，和原圆柱底面加工后成最大正方形的面积之比的比值，如图 A-1 所示，求这两个比值的比. 又因为加工后的圆柱和原方木体积的比最大值是 $\dfrac{\pi}{4}$；加工后的长方体和原圆柱体积之比的最大值是 $\dfrac{2}{\pi}$. 所以，按题目要求加工后的体积之比是 $\dfrac{\pi^2}{8}$.

5. 用 $[x]$ 表示不超过 x 的最大整数，记 $\{x\} = x - [x]$，则算式

$$\left\{\frac{2012+1}{5}\right\} + \left\{\frac{2012+2}{5}\right\} + \left\{\frac{2012+3}{5}\right\} + \cdots + \left\{\frac{2012+2012}{5}\right\}$$

的值为_____.

【答案】 805.4.

【解答】 容易计算

$$\left\{\frac{2012+1}{5}\right\} = \frac{3}{5}, \left\{\frac{2012+2}{5}\right\} = \frac{4}{5}, \left\{\frac{2012+3}{5}\right\} = 0, \left\{\frac{2012+4}{5}\right\} = \frac{1}{5}, \left\{\frac{2012+5}{5}\right\} = \frac{2}{5},$$

$$\left\{\frac{2012+6}{5}\right\} = \frac{3}{5}, \cdots, \left\{\frac{2012+2012}{5}\right\} = \frac{4}{5}.$$

每 5 个一个周期，所以，原式等于

$$\frac{3+4}{5} + \frac{0+1+2+3+4}{5} \times \frac{2010}{5} = 805.4.$$

6. 某个水池存有其容量的十八分之一的水. 两条注水管同时向水池注水，当水池

的水量达到九分之二时,第一条注水管开始单独向水池注水,用时 81 分钟,所注入的水量等于第二条注水管已注入水池内的水量. 然后第二条注水管单独向水池注水 49 分钟,此时,两条注水管注入水池的总水量相同. 之后,两条注水管都继续向水池注水. 那么两条注水管还需要一起注水_____分钟,方能将水池注满.

【答案】 231.

【解答】 由题意可知:两条注水管第一次同时向水池注水的水量是

$$\frac{2}{9} - \frac{1}{18} = \frac{1}{6}.$$

设水池容量为 1,两条注水管单独向水池注水的水量为 $\frac{1}{6}$ 时所需时间分别为 V_1 和 V_2,两条注水管一起向水池注水的水量为 $\frac{1}{6}$ 时,设所需时间为 t,则有下列方程:

$$\frac{t}{V_2} = \frac{81}{V_1}, \frac{t}{V_1} = \frac{49}{V_2}.$$

所以,

$$\frac{V_2}{V_1} = \frac{7}{9}, t = 7 \times 9 = 63.$$

由题意可知:两条注水管单独向水池注水的水量之和也是 $\frac{1}{6}$,两条注水管都继续向水池注水,还需要注水

$$1 - 2 \times \frac{1}{6} - \frac{1}{18} = \frac{11}{18},$$

方能将水池注满,故有

$$\left(\frac{11}{18} \div \frac{1}{6}\right) \times 63 = 231 (分钟).$$

7. 有 16 位选手参加象棋晋级赛,每两人都只赛一盘. 每盘胜者积 1 分,败者积 0 分. 如果和棋,每人各积 0.5 分. 比赛全部结束后,积分不少于 10 分者晋级. 那么本次比赛后最多有_____位选手晋级.

【答案】 11.

【解答】 16 名选手共比赛 $\frac{16 \times 15}{2} = 120 (盘)$,总积分为 120 分. 由于积分不少于 10 分者晋级,所以晋级者不超过 $\frac{120}{10} = 12 (名)$.

首先证明 12 名晋级者是不可能的. 假设晋级者等于 12 名,则非晋级者为 4 名,这 4 人彼此间赛 6 盘共计积 6 分,因此 12 名晋级者至多积分为 114 分. 由于 12 个人积分之和等于 114 < 120,至少有一人积分数小于 10 分,与这人晋级矛盾! 所以晋级者至多 11 人.

出现 11 名晋级者是可能的. 由于 11 个人之间共赛 $\frac{11\times10}{2}=55$(盘),共计分 55 分,如果这 55 盘都是和棋,则每人积分 5 分.另外这 11 人每人都要和其余 5 名非晋级者比赛,设每场都胜,则每人又积 5 分,因此这 11 名选手每人都积 $5+5=10$(分),晋级.

8. 平面内有 5 个点,其中任意 3 个点均不在同一条直线上,以这些点为端点连接线段,则除这 5 个点外,这些线段至少有_____个交点.

【答案】 1.

【解答】 设 5 个点为 A,B,C,D 和 E,任取 3 个点,不妨记为 A,B,C. 因为任意 3 个点均不在同一条直线上,所以另外两个点 D,E 都不会在三角形 ABC 的任何边上或过该边的直线上.

(1)如果点 D 和 E 一个在三角形 ABC 内,另一个在三角形 ABC 外,不妨设点 D 在内,则线段 DE 必定和三角形 ABC 某条边相交,如图 A－2 的左图所示.

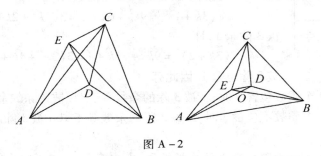

图 A－2

(2)如果点 D 和 E 均在三角形 ABC 内,此时除 A,B,C,D 和 E 点外,这些线段仅有 1 个交点 O,如图 A－2 的右图所示.

(3)如果点 D 和 E 均在三角形 ABC 外,点 D 会有两种可能,不妨设如图 A－3 的两图所示.

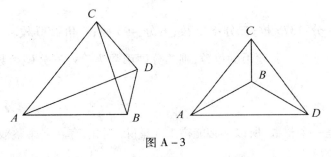

图 A－3

对于图 A－3 的左图的情形,有 AD 与 BC 的交点.对于图 A－3 的右图的情形,若点 E 在三角形 ACD 内则是(2)讨论的情形,否则是(1)讨论的情形,只需把三角形 ABC 换成三角形 ACD.

综合上面的讨论,题目的答案为 1.

二、解答下列各题(每小题 10 分,共 40 分,要求写出简要过程)

图 2

9. 能否用 540 个图 2 所示的 1×2 的小长方形拼成一个 6×180 的大长方形,使得 6×180 的长方形的每一行、每一列都有奇数个星? 请说明理由.

【答案】 能.

【解答】 首先构造 6×4 的长方形如图 A−4 所示:

然后用 45 个 6×4 的即可拼成 6×180 的长方形.

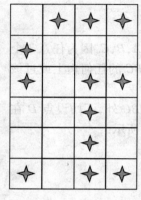

图 A−4

10. 已知 100 个互不相同的质数 $p_1, p_2, \cdots, p_{100}$,记 $N = p_1^2 + p_2^2 + \cdots + p_{100}^2$,问:$N$ 被 3 除的余数是多少?

【答案】 0 或 1.

【解答】 对于质数 3,3^2 被 3 整除. 其余的质数,要么是 $3k+1$ 型的数,要么是 $3k+2$ 型的数. 由于
$$(3k+1)^2 = 9k^2 + 6k + 1 = 3(3k^2 + 2k) + 1,$$
被 3 除余 1,且
$$(3k+2)^2 = 9k^2 + 12k + 4 = 3(3k^2 + 4k + 1) + 1,$$
被 3 除也余 1. 因此有

(1)若这 100 个质数包含 3 时,N 被 3 除的余数等于 99 被 3 除的余数,等于 0.

(2)若这 100 个质数不包含 3 时,N 被 3 除的余数等于 100 被 3 除的余数,等于 1.

11. 王大妈拿了一袋硬币去银行兑换纸币,袋中有一分、二分、五分和一角四种硬币,二分硬币的枚数是一分的 $\frac{3}{5}$,五分硬币的枚数是二分的 $\frac{3}{5}$,一角硬币的枚数是五分的 $\frac{3}{5}$ 少 7 枚. 王大妈兑换到的纸币恰好是大于 50 小于 100 的整元数. 问这四种硬币各有多少枚?

【答案】 一分:1375 枚;二分:825 枚;五分:495 枚;一角:290 枚.

【解答】 设 y 为一分硬币的枚数,则二分硬币数为 $\frac{3}{5}y$,五分硬币数为 $\frac{9}{25}y$,一角硬币数为 $\frac{27}{125}y - 7$.

因为 $\frac{27}{125}y$ 是一个整数,所以 y 必能被 125 整除. 因此,存在一个整数 x,使
$$y = 125x.$$
由此可见,

一分硬币的枚数:$y = 125x$;

二分硬币的枚数:$\frac{3}{5}y = \frac{3}{5} \times 125x = 75x$;

五分硬币的枚数: $\frac{9}{25}y = \frac{9}{25} \times 125x = 45x$;

一角硬币枚数: $\frac{27}{125}y - 7 = \frac{27}{125} \times 125x - 7 = 27x - 7$.

设王大妈兑换到 k 元纸币. 从而列出方程:

$$125x + 2 \times 75x + 5 \times 45x + 10 \times (27x - 7) = 100k.$$

于是

$$770x - 70 = 100k, 77x - 7 = 10k, x = \frac{10k+7}{77}.$$

当 $k = 84$ 时, $x = 11$. 此时王大妈兑换到纸币 84 元, 原有硬币的枚数:

一分: $125x = 125 \times 11 = 1375$(枚);

二分: $75x = 75 \times 11 = 825$(枚);

五分: $45x = 45 \times 11 = 495$(枚);

一角: $27x - 7 = 27 \times 11 - 7 = 290$(枚).

12. 图 3 是一个三角形网格, 由 16 个小的等边三角形构成. 将网格中由 3 个相邻小三角形构成的图形称为"3 - 梯形". 如果在每个小三角形内填上数字 1 ~ 9 中的一个, 那么能否给出一种填法, 使得任意两个"3 - 梯形"中的 3 个数之和均不相同? 如果能, 请举出一例; 如果不能, 请说明理由.

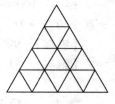

图 3

【答案】 不能.

【解答】 将"3 - 梯形"中 3 个整数的和称为"梯形数", 在三角形网格中, 共有 27 个"3 - 梯形", 如果"梯形数"均不相同, 则有 27 个不同的"梯形数". 因为"梯形数"最大是 27, 最小是 3, 从 3 至 27 共有 25 个不同的数值, 所以, 必至少有两个"梯形数"相同, 即不能给出一种填法, 使任意两个"3 - 梯形"中 3 个整数的和均不相同.

三、解答下列各题(每小题 15 分, 共 30 分, 要求写出详细过程)

13. 请写出所有满足下面三个条件的正整数 a 和 b: 1) $a \le b$; 2) $a + b$ 是个三位数, 且三个数字从小到大排列等差; 3) $a \times b$ 是一个五位数, 且五个数字相同.

【答案】 41 和 271, 164 和 271, 82 和 542, 123 和 813.

【解答】 从乘积入手, 因为五个数字相同的五位数有 11111、22222、33333、44444、55555、66666、77777、88888、99999, 每个数都是 11111 的倍数, 而 $11111 = 41 \times 271$, 因此把这九个数表示成一个三位数与一个两位数或三位数相乘时, 必有一个因数是 271 或 271 的倍数, 但最多只能是 271 的 3 倍. 详细列下:

$$11111 = 271 \times 41$$
$$22222 = 271 \times 82 = 542 \times 41$$
$$33333 = 271 \times 123 = 813 \times 41$$
$$44444 = 271 \times 164 = 542 \times 82$$
$$55555 = 271 \times 205$$
$$66666 = 271 \times 246 = 542 \times 123 = 813 \times 82$$
$$77777 = 271 \times 287$$
$$88888 = 271 \times 328 = 542 \times 164$$
$$99999 = 271 \times 369 = 813 \times 123$$

把两个因数相加, 只有
$$271 + 41 = 312, 271 + 164 = 435, 542 + 82 = 624, 813 + 123 = 936,$$
满足从小到大排列等差的条件, 因此这两个整数是 41 和 271, 164 和 271, 82 和 542, 123 和 813.

14. 记 100 个自然数 $x, x+1, x+2, \cdots, x+99$ 的和为 a, 如果 a 的数字和等于 50, 则 x 最小为多少?

【答案】 99950.

【解答】 这 100 个数的和为
$$a = x + x + 1 + x + 2 + \cdots + x + 99 = 50(2x + 99).$$

首先 a 的数字和与 a 除以 9 有相同的余数, 而 $50 = 5 \times 9 + 4$, 数字和为 50 的最小自然数为 599999. 注意 a 是 50 的倍数, 所以 a 的个位是 0, 十位是 0 或 5. 满足个位是 0, 十位是 0 或 5 且数字和为 50 的自然数有
$$9999950, 59999900, \cdots.$$
显然, a 越大, x 越大, 求最小的 x, 应该从上面最小的数开始讨论. 设 a 为 9999950, 则
$$50(2x + 99) = 9999950.$$
解得 $x = 99950$.

下面说明, $x = 99950$ 是最小的. 设 $y \leqslant x$ 且 y 满足题目要求. 记 $b = x - y$,
$$c = y + y + 1 + y + 2 + \cdots + y + 99,$$
则
$$c = x + x + 1 + x + 2 + \cdots + x + 99 - 100b = 9999950 - 100b.$$
因为 $y \leqslant x$, 所以 $b < x$. 设
$$b = 10^4 b_4 + 10^3 b_3 + 10^2 b_2 + 10 b_1 + b_0, 0 \leqslant b_i \leqslant 9, i = 0, 1, 2, 3, 4,$$
则
$$c = 999995 - 100b = 9999950 - (10^6 b_4 + 10^5 b_3 + 10^4 b_2 + 10^3 b_1 + 10^2 b_0).$$
所以 c 的数字和为
$$(9 - b_4) + (9 - b_3) + (9 - b_2) + (9 - b_1) + (9 - b_0) + 5 = 50 - (b_4 + b_3 + b_2 + b_1 + b_0),$$
只有当 $b = 0$ 时才满足题目要求.

决赛笔试试题 C 卷解答

一、填空题(每小题 10 分,共 80 分)

1. 算式 $\dfrac{46}{75} \div \left(\dfrac{5}{12} + \dfrac{11}{15}\right) - \dfrac{7}{30}$ 的值为_____.

【答案】 $\dfrac{3}{10}$.

【解答】
$$原式 = \frac{46}{75} \div \frac{23}{20} - \frac{12}{55} = \frac{8}{15} - \frac{7}{30} = \frac{9}{30} = \frac{3}{10}.$$

2. 箱子里已有若干个红球和黑球,放入一些黑球后,红球占全部球数的四分之一;再放入一些红球后,红球的数量是黑球的二分之一.若放入的黑球和红球数量相同,则原来箱子里的红球与黑球数量之比为_____.

【答案】 2:5.

【解答】 原来红球有 x 个,黑球有 y 个,放入的黑球有 z 个,放入的红球有 z 个,那么

$$\frac{x}{x+y+z} = \frac{1}{4}, \frac{x+z}{y+z} = \frac{1}{2},$$

因此,

$$\frac{x}{y+z} = \frac{1}{3}, \frac{z}{y+z} = \frac{1}{6}.$$

那么,$x = 2z$. 所以,$\dfrac{y+z}{x} = \dfrac{y}{x} + \dfrac{1}{2} = 3$,即:$\dfrac{x}{y} = \dfrac{2}{5}$.

3. 设某圆锥的侧面积是 10π,表面积是 19π,则它的侧面展开图的圆心角是_____.

【答案】 324°.

【解答】 由题目条件可知,对于设定的圆锥,

底面积 $= 9\pi$,

底面半径 $= 3$,

底面周长 $= 6\pi$,

母线长 $= \dfrac{10}{3}$,

进而

$$圆心角 = \frac{底面半径}{母线长} \times 360° = 324°.$$

4. 设 $a \triangle b$ 和 $a \triangledown b$ 分别表示取 a 和 b 两个数的最小值和最大值,如 $3 \triangle 4 = 3$, $3 \triangledown 4 = 4$. 那么对于不同的自然数 x, $6 \triangle (4 \triangledown (x \triangle 5))$ 的取值共有_____个.

【答案】 2.

【解答】 若 x 不小于 5,则 $x \triangle 5 = 5$. 所以
$$6 \triangle (4 \triangledown (x \triangle 5)) = 6 \triangle (4 \triangledown 5) = 6 \triangle 5 = 5.$$
若 x 小于 5,则 $x \triangle 5 = x \leq 4$,所以
$$6 \triangle (4 \triangledown (x \triangle 5)) = 6 \triangle (4 \triangledown x) = 6 \triangle 4 = 4.$$
对所有 x, $6 \triangle (4 \triangledown (x \triangle 5))$ 的值为 4 或 5.

5. 某水池有 A, B 两个水龙头. 如果 A, B 同时打开需要 30 分钟可将水池注满. 现在 A 和 B 同时打开 10 分钟后,将 A 关闭,由 B 继续注水 80 分钟,也可将水池注满. 那么单独打开 B 龙头注水,需要_____分钟才可将水池注满.

【答案】 120.

【解答】 由于 A, B 两个水龙头同时打开注水 30 分钟将水池注满,将注满一池水的工作量等分成 30 份. 现在 A 和 B 两个水龙头同时注水 10 分钟,则完成了 10 份工作量,还有 20 份工作量,需 B 用 80 分钟完成,则 B 完成一份工作量用了
$$80 \div 20 = 4(分钟).$$
因此,B 完成 30 份工作量需时:$30 \times 4 = 120$(分钟). 即单独打开 B 龙头注水,需要 120 分钟才可将水池注满.

6. 图 1 是一个五棱柱的平面展开图,图中的正方形边长都为 4. 按图所示数据,这个五棱柱的体积等于_____.

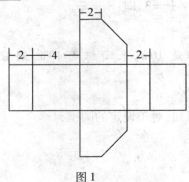

图 1

【答案】 56.

【解答】 这个五棱柱是从一个棱长等于 4 的正方体切去一个三棱柱后所成立体,见图 A - 1.

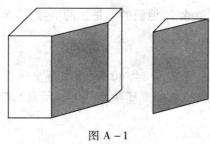

图 A - 1

三棱柱的底面积是 2,体积为 8,所以五棱柱的体积是 56.

7. 一条路上有 A,O,B 三个地点,O 在 A 与 B 之间,A 与 O 相距 1620 米. 甲、乙两人同时分别从 A 和 O 点出发向 B 点行进. 出发后第 12 分钟,甲、乙两人离 O 点的距离相等;第 36 分钟甲与乙两人在 B 点相遇. 那么 O 与 B 两点的距离是 _____ 米.

【答案】 1620.

【解答】 设甲与乙的速度分别为每分钟 v_1 与 v_2 米,则

$$\begin{cases} 1620 - 12v_1 = 12v_2 & ① \\ 36v_1 - 36v_2 = 1620 & ② \end{cases}$$

由①式得:

$$v_1 + v_2 = 135,$$

由②式得:

$$v_1 - v_2 = 45.$$

由此得:

$$v_1 = 90, v_2 = 45.$$

B 与 O 两点的距离为:$45 \times 36 = 1620$(米).

8. 从 1 到 1000 中最多可以选出 _____ 个数,使得这些数中任意两个数的差都不整除它们的和.

【答案】 334.

【解答】 将自然数 1 到 999 分成下面 333 组:

$$1,2,3;\ 4,5,6;\ 7,8,9;\ \cdots;\ 997,998,999.$$

每组中的数都是三个连续的自然数,任取其中的两个数,如果这两个数奇偶相同,则和为偶数,差为 2;否则,和为奇数,差为 1. 所以,在某组中任取两个数,它们的差都可以整除它们的和.

根据抽屉原理,如果从 1 到 1000 中取出的数的个数大于 334,必定有两个数在前

面所给的 333 组数的某组中,这样取出的数不满足题目要求.

另一方面,取出 $1,4,7,\cdots,1000$,共 334 个,即取出数为

$$3k+1, k=0,1,2,\cdots,333,$$

其中,任意两个数的和被 3 除余 2,他们的差是 3 的倍数,满足题目的要求.

题目的答案是 334.

二、解答下列各题(每小题 10 分,共 40 分,要求写出简要过程)

9. 一个四位数与它的反序数之差可否为 1008？请说明理由.

【答案】　否.

【解答】　假设

$$\overline{abcd} - \overline{dcba} = 1008.$$

显然 $a > d$.

由个位考虑有 $d + 10 - a = 8$,所以 $a - d = 2$.

由十位考虑有 $c - 1 - b = 0$,或 $c - 1 + 10 - b = 0$,所以 $c = b + 1$,或 $c = b - 9$.

由百位考虑有 $b + 10 - c = 0$,或 $b - 1 + 10 - c = 0$,所以 $c = b + 10$ 或 $c = b + 9$. 与 $c = b + 1$ 和 $c = b - 9$ 矛盾.

10. 已知 99 个互不相同的奇数 $p_1, p_2, \cdots, p_{99}$,记 $N = p_1^2 + p_2^2 + \cdots + p_{99}^2$,问：$N$ 被 3 除的余数是多少？

【答案】　0,1,2.

【解答】　对于奇数 3 或 3 的奇数倍,其平方被 3 整除. 其余的奇数,要么是 $3k+1$ 型的数,要么是 $3k+2$ 型的数. 由于

$$(3k+1)^2 = 9k^2 + 6k + 1 = 3(3k^2 + 2k) + 1,$$

被 3 除余 1,且

$$(3k+2)^2 = 9k^2 + 12k + 4 = 3(3k^2 + 4k + 1) + 1,$$

被 3 除也余 1. 因此有

(1) 若这 99 个奇数中有 $3n$ 个 3 的奇数倍数时,N 被 3 除的余数等于 $99 - 3n$ 被 3 除的余数,等于 0.

(2) 若这 99 个奇数中有 $3n+1$ 个 3 的奇数倍数时,N 被 3 除的余数等于 $98 - 3n$ 被 3 除的余数,等于 2.

(3) 若这 99 个奇数中有 $3n+2$ 个 3 的奇数倍数时,N 被 3 除的余数等于 $97 - 3n$ 被 3 除的余数,等于 1.

图 2

11. 能否用 500 个图 2 所示的 1×2 的小长方形拼成一个 5×200 的大长方形,使得 5×200 的长方形每一行都有偶数个星、每一列都有奇数个星？请说明理由.

【答案】　能.

【解答】 首先构造 5×4 的长方形如下：

然后用 50 个 5×4 的长方形即可拼成 5×200 的长方形，如图 A－2 所示．

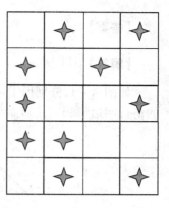

12. 小明拿着 100 元人民币去商店买文具，回来后数了数找回来的人民币有 4 张不同面值的纸币，4 枚不同的硬币．纸币面值大于等于一元，硬币的面值小于一元，并且所有纸币的面值和以"元"为单位可以被 3 整除，所有硬币的面值的和以"分"为单位可以被 7 整除，问小明最多用了多少钱？
（注：商店有面值为 50 元，20 元，10 元，5 元和 1 元纸币，面值为 5 角，1 角，5 分，2 分和 1 分的硬币找零）

图 A－2

【答案】 63.37 元．

【解答】 小明拿着 100 元去买东西，找回来的只有 50 元，20 元，10 元，5 元，1 元面值的纸币中的 4 张．注意

$$50 \div 3 = 16 \cdots\cdots 2, \quad 20 \div 3 = 6 \cdots\cdots 2, \quad 10 \div 3 = 16 \cdots\cdots 1,$$
$$5 \div 3 = 1 \cdots\cdots 2, \quad 1 \div 3 = 0 \cdots\cdots 1,$$
$$2 + 2 + 1 + 2 + 1 = 8, \quad 8 \div 3 = 2 \cdots\cdots 2.$$

如果找回来的 4 张纸币的面值和以"元"为单位可以被 3 整除，只有一种被 3 除余 2 的纸币不在里面．如果要求花的钱最多，50 元的纸币不在里面．故 4 张纸币的面值相加为 36 元．

人民币面值小于 1 元的分别为 5 角，1 角，5 分，2 分，1 分．

$$50 \div 7 = 7 \cdots\cdots 1, \quad 10 \div 7 = 1 \cdots\cdots 3, \quad 5 \div 7 = 0 \cdots\cdots 5,$$
$$2 \div 7 = 0 \cdots\cdots 2, \quad 1 \div 7 = 0 \cdots\cdots 1,$$
$$1 + 3 + 5 + 2 + 1 = 12, \quad 12 \div 7 = 1 \cdots\cdots 5.$$

如果找回来的 4 个硬币的面值和以"分"为单位可以被 7 整除，只有被 7 除余 5 的硬币不在里面，即 5 分的硬币不在里面．故 4 个硬币的面值相加为 0.63 元．

找回来的钱是 36.63 元，用了 $100 - 36.63 = 63.37$（元）．

三、解答下列各题（每题 15 分，共 30 分，要求写出详细过程）

13. 图 3 中，$ABCD$ 是平行四边形，E 在 AB 边上，F 在 DC 边上，G 为 AF 与 DE 的交点，H 为 CE 与 BF 的交点．已知，平行四边形 $ABCD$ 的面积是 1，$\dfrac{AE}{EB} = \dfrac{1}{4}$，三角形 BHC 的面积是 $\dfrac{1}{8}$，求三角形 ADG 的面积．

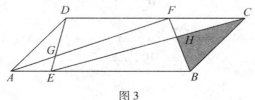

图 3

【答案】 $\dfrac{7}{92}$.

【解答】 设 $DF = x, FC = y, \dfrac{x}{y} = z.$

如图 A – 3,分别用①~⑧记其所在的三角形的面积. 由已知条件 $ABCD$ 是面积为 1 的平行四边形和三角形面积公式,可得到:

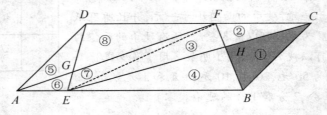

图 A – 3

$$① = ③ = \dfrac{1}{8}, \quad ② + ① = \dfrac{1}{2} \times \dfrac{y}{x+y}, \quad ④ + ① = \dfrac{2}{5},$$

并且

$$②/③ = ①/④, \text{即} ② \times ④ = \dfrac{1}{64}.$$

将

$$② = \dfrac{1}{2} \times \dfrac{y}{x+y} - \dfrac{1}{8}, \quad ④ = \dfrac{2}{5} - \dfrac{1}{8} = \dfrac{11}{40}$$

代入 $② \times ④ = \dfrac{1}{64}$,马上得到:

$$\left(\dfrac{1}{2} \times \dfrac{y}{x+y} - \dfrac{1}{8} \right) \times \dfrac{11}{40} = \dfrac{1}{64},$$

可得

$$11 \times \left(4 \times \dfrac{y}{x+y} - 1 \right) = 5, \quad 4 \times \dfrac{1}{z+1} = \dfrac{5}{11} + 1, \quad \dfrac{1}{z+1} = \dfrac{4}{11}, \quad z = \dfrac{7}{4}.$$

类似可得

$$⑤ + ⑧ = \dfrac{7}{22}, \quad ⑦ + ⑥ = \dfrac{1}{10}, \quad ⑤ \times ⑦ = ⑥ \times ⑧, \quad ⑤ = ⑦.$$

从上面四个等式,可以得到:

$$⑤ \times ⑤ = \left(\dfrac{1}{10} - ⑤ \right) \times \left(\dfrac{7}{22} - ⑤ \right),$$

解上面关于⑤的方程,

$$⑤ = \dfrac{\dfrac{1}{10} \times \dfrac{7}{22}}{\dfrac{1}{10} + \dfrac{7}{22}} = \dfrac{7}{92},$$

三角形 ADG 的面积是 $\dfrac{7}{92}$.

14. 记 1000 个自然数 $x, x+1, x+2, \cdots, x+999$ 的和为 a, 如果 a 的数字和等于 50, 则 x 最小为多少?

【答案】 99500.

【解答】 这 1000 个数的和为
$$a = x + x + 1 + x + 2 + \cdots + x + 999 = 500(2x + 999).$$
首先 a 的数字和与 a 除以 9 有相同的余数, 而 $50 = 5 \times 9 + 5$, 数字和为 50 的最小自然数为 599999. 注意 a 是 500 的倍数, 所以 a 的个位和十位都是 0, 百位是 0 或 5. 满足个位和十位是 0, 百位是 0 或 5 且数字和为 50 的自然数有
$$99999500, 599999000, \cdots.$$
显然, a 越大, x 越大, 求最小的 x, 应该从上面最小的数开始讨论. 设 a 为 99999500, 则
$$500(2x + 999) = 99999500.$$
解得 $x = 99500$.

下面说明, $x = 99500$ 是最小的. 设 $y \leqslant x$ 且 y 满足题目要求. 记 $b = x - y$,
$$c = y + y + 1 + y + 2 + \cdots + y + 999,$$
则
$$c = x + x + 1 + x + 2 + \cdots + x + 999 - 1000b = 99999500 - 1000b.$$
因为 $y \leqslant x$, 所以 $b < x$. 设
$$b = 10^4 b_4 + 10^3 b_3 + 10^2 b_2 + 10 b_1 + b_0, 0 \leqslant b_i \leqslant 9, i = 0, 1, 2, 3, 4,$$
则
$$c = 99999500 - 1000b = 99999500 - (10^7 b_4 + 10^6 b_3 + 10^5 b_2 + 10^4 b_1 + 10^3 b_0).$$
所以 c 的数字和为
$$(9 - b_4) + (9 - b_3) + (9 - b_2) + (9 - b_1) + (9 - b_0) + 5 = 50 - (b_4 + b_3 + b_2 + b_1 + b_0),$$
只有当 $b = 0$ 时才满足题目要求.

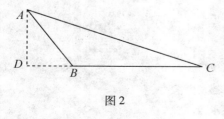

初一组

初赛网络版试题解答

一、选择题(每小题 10 分,以下每题的四个选项中,仅有一个是正确的,请将表示正确答案的英文字母写在每题的圆括号内)

1. 若 $ab < 0, a - b > 0$,则 a, b 两数的正负情况为( ).

(A)$a > 0, b < 0$ (B)$a > 0, b > 0$ (C)$a < 0, b > 0$ (D)$a < 0, b < 0$

【答案】 (A).

【解答】 因为 $ab < 0$,所以 $a > 0, b < 0$,或 $a < 0, b > 0$. 又因为 $a - b > 0$,所以 $a > 0$,$-b > 0$,即 $a > 0, b < 0$. 选 A.

$$\begin{array}{r} A\ B \\ + \quad C\ D \\ \hline X\ Y\ 9 \end{array}$$

图1

2. 图 1 是一个两位数的加法算式. 若 $A + B + C + D = 22$,则 $X + Y = ($ $)$.

(A)13 (B)7

(C)4 (D)2

【答案】 (C).

【解答】 由算式可知,$B + D = 9$,所以 $A + C = 22 - 9 = 13$,进而 $X + Y = 1 + 3 = 4$. 选 C.

图2

3. 图 2 中,ABC 是一个钝角三角形,$BC = 6$ 厘米,$AB = 5$ 厘米,BC 边上的高 AD 为 4 厘米. 若此三角形以每秒 3 厘米的速度沿 DA 所在直线向上移动,2 秒后,此三角形扫过的面积是(   )平方厘米.

(A)36 (B)54 (C)60 (D)66

【答案】 (D).

【解答】 扫出的图形如图 A – 1 中五边形 $ABCB'A'$,其中 $ACB'A'$ 是平行四边形,

$$AA' = 3 \times 2 = 6(\text{厘米}).$$

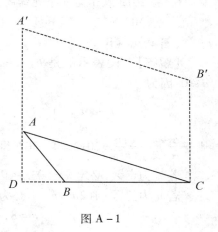

已知 AD 是 BC 边上的高,$AD = 4$ 厘米,$AB = 5$ 厘米,由勾股定理,$BD = 3$ 厘米. 所以三角形 ABC 的面积等于 12 平方厘米.

因为 $DC \perp A'D$,$DC = DB + BC = 9$,所以平行四边形 $ACB'A'$ 的面积等于 54 平方厘米.

五边形 $ABCB'A'$ 的面积为 $12 + 54 = 66$(平方厘米).

选 D.

图 A – 1

4. 在 $10\square10\square10\square10\square10$ 的四个"$\square$"中分别填入"$+$"、"$-$"、"$\times$"、"$\div$"运算符号各一次,所成的算式的值的最小值为( ).

(A)-84 (B)-89 (C)-94 (D)-99

【答案】 (B).

【解答】 要使算式的值尽可能小,应当减去一个较大的数,此时应使商尽可能小. 如下式所示,所成的算式的值最小:

$$10 \div 10 - 10 \times 10 + 10 = -89.$$

选 B.

5. 已知甲瓶盐水浓度为 8%,乙瓶盐水浓度为 5%,混合后浓度为 6.2%. 那么四分之一的甲瓶盐水与六分之一的乙瓶盐水混合后的浓度为( ).

(A)5.5% (B)6% (C)6.5% (D)7.5%

【答案】 (C).

【解答】 设甲瓶盐水重 x,乙瓶盐水重 y. 所以

$$8\%x + 5\%y = 6.2\%(x + y),$$

解之得 $\dfrac{x}{y} = \dfrac{2}{3}$.

若从甲瓶取 $\dfrac{1}{4}$ 盐水,从乙瓶取 $\dfrac{1}{6}$ 盐水,则混合后的浓度为 6.5%,运算如下:

$$\frac{8\% \times \dfrac{1}{4}x + 5\% \times \dfrac{1}{6}y}{\dfrac{1}{4}x + \dfrac{1}{6}y} = \frac{2x + \dfrac{5}{6}y}{\dfrac{1}{4}x + \dfrac{1}{6}y}\% = \frac{2 \times \dfrac{x}{y} + \dfrac{5}{6}}{\dfrac{1}{4} \times \dfrac{x}{y} + \dfrac{1}{6}}\% = \frac{2 \times \dfrac{2}{3} + \dfrac{5}{6}}{\dfrac{1}{4} \times \dfrac{2}{3} + \dfrac{1}{6}}\% = \frac{13}{2}\% = 6.5\%.$$

选 C.

6. 将 2012 表示为 n 个连续的自然数之和（$n \geqslant 2$），则 n 有（　　）种不同的取值.

（A）0　　　　　（B）1　　　　　（C）2　　　　　（D）3

【答案】（B）.

【解答】 设表示的是 $n(n \geqslant 2)$ 个连续自然数 $a, a+1, \cdots, a+n-1$ 之和，其中 $a \geqslant 0$. 因为

$$a + (a+1) + (a+2) + \cdots + (a+n-1) = \frac{(2a+n-1)n}{2},$$

则 $\dfrac{(2a+n-1)n}{2} = 2012 = 4 \times 503$. 即 $(2a+n-1)n = 8 \times 503$.

若 n 为奇数，必定 $n = 503$. 所以 $2a + 502 = 8$，这是不可能的！

若 n 为偶数，则 $2a+n-1$ 必为奇数. 此时

$$\begin{cases} n = 8, \\ 2a+7 = 503. \end{cases} \quad 解之得 \ a = 248.$$

所以 n 有 1 种可能的取值. 选 B.

二、填空题（每小题 10 分，满分 40 分）

7. 计算：$\dfrac{(2012^3 - 2 \times 2012^2 - 2010) \times 2013}{2012^3 + 2012^2 - 2013} =$ _____.

【答案】 2010.

【解答】

$$原式 = \frac{[2012^2(2012-2) - 2010] \times 2013}{2012^2(2012+1) - 2013}$$

$$= \frac{(2012^2 - 1) \times 2010 \times 2013}{(2012^2 - 1) \times 2013} = 2010.$$

8. 有理数 a, b, c, d 满足等式 $8a^2 + 7c^2 = 16ab, 9b^2 + 4d^2 = 8cd$，那么 $a + b + c + d =$ _____.

【答案】 0.

【解答】 因为

$$8a^2 + 7c^2 = 16ab, 9b^2 + 4d^2 = 8cd,$$

所以

$$8a^2 - 16ab + 9b^2 + 7c^2 - 8cd + 4d^2 = 0,$$
$$8(a-b)^2 + b^2 + 3c^2 + 4(c-d)^2 = 0.$$

由非负数性质得

$$a - b = b = c = c - d = 0,$$

所以 $a = b = c = d = 0$，进而 $a + b + c + d = 0$.

9. 如图 3 所示，正方形 $ABCD$ 的面积为 36 平方厘米，正方形 $EFGH$ 的面积为 256

平方厘米,三角形 ACG 的面积为 27 平方厘米,则四边形 $CDHG$ 的面积为_____平方厘米.

【答案】 77.

【解答】 由条件知,正方形 $ABCD$ 的边长为 6 厘米,正方形 $EFGH$ 的边长为 16 厘米.连接 EG,如图 A-2,则 $\angle ACE = 45° = \angle CEG$,所以 $AC /\!/ EG$. 因此 $ACGE$ 是梯形,所以

$$S_{\triangle ACE} = S_{\triangle ACG} = 27(\text{平方厘米}).$$

即 $27 = \dfrac{1}{2} \times 6 \times EC$,所以 $EC = 9(\text{平方厘米})$,因此 $CH = 16 - 9 = 7(\text{平方厘米})$,所以

$$S_{\text{四边形}CDHG} = S_{\triangle DCH} + S_{\triangle CHG} = \dfrac{1}{2} \times CH \times CD + \dfrac{1}{2} \times CH \times HG = 77(\text{平方厘米}).$$

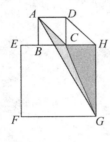

图 3

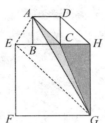

图 A-2

10. 使表达式 $\dfrac{6+m}{2m-3}$ 之值为整数的所有整数 m 之和等于_____.

【答案】 12.

【解答】

解法一:

因为 $\dfrac{6+m}{2m-3}$ 要使 $\dfrac{6+m}{2m-3}$ 之值为整数,必须 $|6+m| \geqslant |2m-3|$ 或 $6+m=0, 2m-3 \neq 0$.

(1)当 $6+m=0, 2m-3 \neq 0$ 时,得 $m=-6$;

(2)当 $|6+m| \geqslant |2m-3|$ 时,

  当 $m \leqslant -6$ 时,$-6-m \geqslant 3-2m \Rightarrow$ 即 $m \geqslant 9$,此时无解.

  当 $-6 < m \leqslant \dfrac{3}{2}$ 时,$6+m \geqslant 3-2m \Rightarrow m \geqslant -1$,所以 $-1 \leqslant m \leqslant \dfrac{3}{2}$.

此时 m 可取 $-1, 0, 1$;

  当 $m > \dfrac{3}{2}$ 时,$6+m \geqslant 2m-3 \Rightarrow m \leqslant 9$,即 $\dfrac{3}{2} < m \leqslant 9$,

此时 m 可取 $2, 3, 4, 5, 6, 7, 8, 9$.

将 $m=-6, -1, 0, 1, \cdots, 8, 9$ 依次代入 $\dfrac{6+m}{2m-3}$ 计算,可知

$m = -6, -1, 0, 1, 2, 3, 4, 9$ 满足条件.

所以满足条件的所有整数 m 的和为 $-6-1+0+1+2+3+4+9=12$.

解法二：

$$\frac{6+m}{2m-3} = \frac{1}{2} + \frac{1}{2} \times \frac{15}{2m-3},$$

$\left| \dfrac{15}{2m-3} \right|$ 必须是奇数，所以 $m = -6, -1, 0, 1, 2, 3, 4, 9$，所以满足条件的所有整数 m 的和为 $-6-1+0+1+2+3+4+9=12$.

初赛笔试版试题解答

一、选择题(每小题 10 分,以下每题的四个选项中,仅有一个是正确的,请将表示正确答案的英文字母写在每题的圆括号内)

1. 平面上四个点,任意三个点都不在一条直线上,在连接这四个点的六条线段所形成的图形中,最少可以形成(   )个三角形.

(A)3   (B)4   (C)6   (D)8

【答案】 (B).

【解答】 因为任意三个点不在一条直线上,所以任取三个点,不妨设为 A,B,C,它们构成三角形 ABC.

第四个点 D 不可能在三角形 ABC 的边上,因此 D 点要么在三角形 ABC 内部,要么在 ABC 外部.

(1)当 D 点在三角形 ABC 内部,如图 $A-1$(a)所示,以这四个点所连接线段的图形中,可以形成 4 个三角形.

(2)当 D 点在三角形 ABC 外部时,有两种情况,一种情况是 A,B,C 三点中有一个点在另外三个点所构成的三角形的内部,此时化成了(1)所讨论的情形. 另外一种情况如图 $A-1$(b)所示,以这四个点连接线段的图形中,可以形成 8 个三角形.

所以最少可以形成 4 个三角形.

选 B.

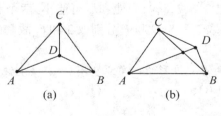

图 $A-1$

2. 在图 1 所示的三位数加法算式中,每个字母代表非零数字,不同的字母代表不同的数字,则和"HIJ"的最小值是(   ).

(A)459   (B)457   (C)456   (D)453

$$\begin{array}{r} A\ B\ C \\ +\ D\ E\ F \\ \hline H\ I\ J \end{array}$$

图 1

【答案】 （A）.

【解答】

解法一：

（1）令

$$M = \overline{ABC} + \overline{DEF} + \overline{HIJ},$$

因所有字母正好是 1 到 9 各一个，其和为 45，所以 $9 \mid M$. 但 $\overline{ABC} + \overline{DEF} = \overline{HIJ}, M = 2 \times \overline{HIJ}$，即 $9 \mid 2 \times \overline{HIJ}$. 又 $(9,2)=1$，所以 $9 \mid \overline{HIJ}$，因此 $9 \mid H+I+J$. 显然，$H+I+J < 27$，因此 $H+I+J$ 只能取 9 或 18. 既然每个字母代表一个非零数字，不同的字母代表不同的数字，可知：H, I 和 J 三个字母，所代表的数字均大于等于 3，且其中必有两个大于 3，故知 H, I 和 J 三个字母所代表的数字之和必大于 9. 因此 $H+I+J = 18$.

（2）既然要求和最小，则 A 和 D 可分别取 1 和 2，H 不能取 3，否则，有 $B+E \geqslant 9$，$C+F \geqslant 10$，因此十位的两个数字之和必有进位，$H = A+D+1 = 4$，所以 H 不能取 3. 当 H 取 4 时，且由 $H+I+J = 18$ 可得 I 和 J 取 5 和 9 或 6 和 8. 再次依据要求和最小的条件，I 和 J 先取 5 和 9，有 $173 + 286 = 459$.

选（C）.

解法二：

（1）两个加数的数码和为 a，和的数码的和是 $a - 9k$，其中 k 表示进位的次数. 因为百位无进位，$0 \leqslant k \leqslant 2$，则 $2a - 9k = 45$，即 $2a = 9(k+5)$，k 只能是 1，所以，$a = 27$，$H+I+J = 18$.

（2）见解法一的第（2）步.

解法三（极值法）：

（1）既然要求和最小，则 A 和 D 可分别取 1 和 2，H 不能取 3，否则，则有 $B+E \geqslant 9$，$C+F \geqslant 10$，因此 H 只能取 4.

（2）I 不能取 3，否则余下数字是 5,6,7,8,9，且由题目条件"每个字母代表非零数字，不同的字母代表不同的数字"，则有 $C+F > 10$，故有 $B+E+1 = 13$，B 和 E 可分别取 5 和 7，但是，此时，C, F, J 只能取余下数字 6,8 和 9，无法满足：$C+F-10 = J$. 故为使和尽可能小，I 取 5.

（3）此时，余下数字是 3,6,7,8,9，为使和尽可能小，两个和 $B+E$ 和 $C+F$ 应当尽可能小. 故 B 和 E 可分别取 7 和 8，C 和 F 分别取 3 和 6. 故和的最小值是 459.

3. 内角都小于 180 度的七边形的内角至少有（   ）个钝角.

(A)6   (B)5   (C)4   (D)3

【答案】 （C）.

【解答】 内角小于 180 度的七边形的内角和是 900 度.

若七边形仅有 3 个钝角，设为 $180° - \alpha_1, 180° - \alpha_2, 180° - \alpha_3, \alpha_4, \alpha_5, \alpha_6, \alpha_7$，其中 $\alpha_i (i = 1, 2, \cdots, 7)$ 为锐角. 所以

$$(180° - \alpha_1) + (180° - \alpha_2) + (180° - \alpha_3) + \alpha_4 + \alpha_5 + \cdots + \alpha_7 = 900°.$$

因此

$$\alpha_4 + \alpha_5 + \alpha_6 + \alpha_7 - \alpha_1 - \alpha_2 - \alpha_3 = 360°.$$

因为 $\alpha_i (i = 1, 2, \cdots, 7)$ 为锐角,所以上面的等式不可能成立.

所以七边形的内角中钝角的个数至少为 4 个. 现在构造一个有 4 个钝角的七边形.

如图 A-2(a),做四边形 $ABCO$,其中 $\angle A, \angle B, \angle C$ 均为锐角,$\angle O$ 是钝角. 在 AO 和 CO 上各取一个点 A' 和 E',连接 $A'E'$. 在 AA' 和 AE' 上各取一个点 G 和 F,连接 GF. 类似,在 CE' 和 FE' 上各取一个点 D 和 E,连接 DE. 此时七边形 $ABCDEFG$ 有 4 个钝角如图 A-2(b)所示.

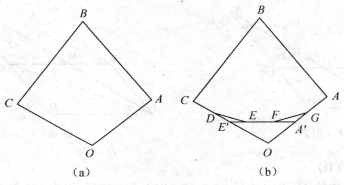

图 A-2

选 C.

4. 四支排球队进行单循环比赛,即每两队都要赛一场,且只赛一场. 如果一场比赛的比分是 3:0 或 3:1,则胜队得 3 分,负队得 0 分;如果比分是 3:2,则胜队得 2 分,负队得 1 分. 如果比赛后各队得分恰好是四个连续的自然数,那么第一名的得分是(　　)分.

(A)3 　　　　(B)4 　　　　(C)5 　　　　(D)6

【答案】 (D).

【解答】 设四个队的总得分分别为:$n, n+1, n+2, n+3$.
由于四支球队进行单循环比赛,共赛六场,每场两队得分和为 3,所以

$$n + n + 1 + n + 2 + n + 3 = 6 \times 3 = 18.$$

解得 $n = 3$.

所以第一名得分为:$n + 3 = 3 + 3 = 6$. 如,

比赛结果	甲　队	乙　队	丙　队	丁　队
甲　队		2:3(乙得1分)	2:3(丙得1分)	2:3(丁得1分)
乙　队	3:2(甲得2分)		0:3(丙得0分)	3:2(丁得2分)
丙　队	3:2(甲得2分)	3:0(乙得3分)		1:3(丁得0分)
丁　队	3:2(甲得2分)	2:3(乙得1分)	3:1(丙得3分)	
各队总分	6分	5分	4分	3分

选 D.

5. 如图 2 所示,M 为平行四边形 $ABCD$ 中 BC 边上一点,$BM:MC=2:3$. 已知三角形 CMN 的面积为 45 平方厘米. 则平行四边形 $ABCD$ 的面积为(   )平方厘米.

(A)30　　　　　(B)45　　　　　(C)90　　　　　(D)100

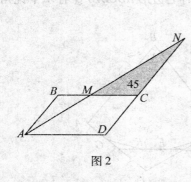
图 2

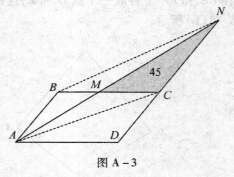
图 A – 3

【答案】 (D).

【解答】 连接 AC,BN,如图 A – 3,则 $ABNC$ 是个梯形. 因为 $BM:MC=2:3$,所以
$$S_{\triangle BMN}:\ S_{\triangle CMN}=BM:MC=2:3.$$

进而
$$S_{\triangle BMN}=\frac{45\times 2}{3}=30(平方厘米),S_{\triangle AMC}=S_{\triangle BMN}=30(平方厘米).$$

又 $S_{\triangle ABM}:S_{\triangle AMC}=2:3$,所以
$$S_{\triangle ABM}=\frac{30\times 2}{3}=20(平方厘米).$$

因此
$$S_{\triangle ABC}=S_{\triangle ABM}+S_{\triangle AMC}=50(平方厘米).$$

所以
$$平行四边形 ABCD 的面积 =2S_{\triangle ABC}=100(平方厘米).$$

选 D.

6. 如果正整数 x 与 y 使得 $\dfrac{xy^2}{x+y}$ 的值为质数,那么 $x+y$ 共有(   )种可能的值.

(A)1　　　　　(B)2　　　　　(C)3　　　　　(D)4

【答案】 (B).

【解答】 设 $(x,y)=d$,则存在正整数 a,b,使得 $x=da,y=db$,不妨设 $a\geqslant b$. 于是质数
$$p=\frac{xy^2}{x+y}=\frac{da(db)^2}{ad+db}=\frac{d^2ab^2}{a+b},$$

即
$$d^2ab^2 = p(a+b).$$

由于 $(a,a+b) = (b,a+b) = (a,b) = 1$,且 $ab^2 | p(a+b)$,所以 $ab^2 | p$.进而 $a=p,b=1$,或 $a=b=1$.

(1)当 $a=p,b=1$ 时, $d^2 = p+1$.所以 $(d+1)(d-1) = p$.进而
$$d-1 = 1, d+1 = p, d = 2, p = 3.$$

此时 $x=6, y=2, x+y=8$.

(2)当 $a=b=1$ 时, $d^2 = 2p$.所以 $d=2, p=2$.此时 $x=2, y=2. x+y=4$.

所以 $x+y$ 共有两种可能的值.选 B.

二、填空题(每小题 10 分,满分 40 分)

7. 计算: $1.2345 \times 0.2345 \times 2.469 - 1.2345^3 - 1.2345 \times 0.2345^2 = \underline{\qquad}$.

【答案】 -1.2345.

【解答】 令 $a = 1.2345$,则
$$\begin{aligned}原式 &= a \times (a-1) \times 2a - a^3 - a(a-1)^2 \\&= 2a^3 - 2a^2 - a^3 - a^3 + 2a^2 - a \\&= -a = -1.2345.\end{aligned}$$

8. 已知关于 x 的一元一次方程 $7x + (3+x) = k + bx$ 方程有非零解,且这个方程的解是方程 $7x + (3+x) = k - bx$ 解的 $\frac{1}{3}$,那么 b 的值为 $\underline{\qquad}$.

【答案】 -4.

【解答】 方程 $7x + (3+x) = k + bx$ 的解为
$$x = \frac{k-3}{8-b}.$$

方程 $7x + (3+x) = k - bx$ 的解为
$$x = \frac{k-3}{b+8}.$$

由条件得, $8-b = 3(b+8)$,即 $b = -4$.

9. 已知甲、乙两车分别从 A、B 两地同时出发,且在 A,B 两地往返来回匀速行驶.若两车第一次相遇后,甲车继续行驶 4 小时到达 B,而乙车只行驶了 1 小时就到达 A,则两车第 15 次相遇(在 A、B 两地相遇次数不计)时,它们行驶了 $\underline{\qquad}$ 小时.

【答案】 86.

【解答】 设甲车车速为 v_1,乙车车速为 v_2.如图 A-4,第一次相遇在 C 点,则
$$\frac{AC}{BC} = \frac{v_1}{v_2}.$$

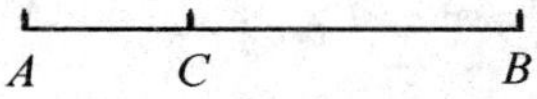

图 A-4

107

因为 $AC = v_2$，$BC = 4v_1$，所以 $\dfrac{v_2}{4v_1} = \dfrac{v_1}{v_2}$. 即 $v_2 = 2v_1$，$BC = 2AC$. 因此，从 A 到 B，甲需要 6 小时；乙需要 3 小时.

每 12 个小时，甲在 A 与 B 之间完成一次往返，乙完成两次. 令 k 为非负整数，在第 $12k$ 个小时与第 $12(k+1)$ 个小时之间：

(1) 甲与乙第一次相遇的时间是 $12k+2$，迎面相遇，地点为 C；

(2) 甲与乙第二次相遇的时间是 $12k+6$，追及，地点为 B；

(3) 甲与乙第三次相遇的时间是 $12k+10$，迎面相遇，地点为 C.

因此，甲、乙两车第 15 次迎面相遇时，它们行驶了 $12 \times 7 + 2 = 86$（小时）.

10. 设 a，b，c 代表三个不同的非零数字，由它们组成一个最大的三位数和一个最小的三位数，记这两个三位数的差为 m，且 m 的数字和恰好整除 m，则所有不同的 m 的值之和为 _____.

【答案】 1980.

【解答】 不妨设 $a > b > c$，则由 a，b，c 组成的最大的三位数是 $\overline{abc}$，最小的三位数是 $\overline{cba}$.

$$m = \overline{abc} - \overline{cba} = 99(a-c),$$

其中 $3 \leqslant a \leqslant 9$，$1 \leqslant c \leqslant 7$. 所以 $99 \mid m$，即 m 可能为 $198, 297, 396, 495, 594, 693, 792$. 这些数的数字和均为 18，从而 m 的数字和必为 18. 因为 $18 \mid m$，从而 $m = 198, 396, 594, 792$. 故所有 m 的和为

$$198 + 396 + 594 + 792 = 1980.$$

决赛网络版试题解答

一、填空题(每小题 10 分,满分 80 分)

1. 计算 $3\dfrac{3}{4} \div (-10) \div \left(4 - \dfrac{1}{4}\right) \times \left(\dfrac{2}{3} - 4\right) \div \left[-\left(-\dfrac{1}{3}\right)^2\right] = $ _____.

【答案】 -3.

【解答】

原式 $= \dfrac{15}{4} \times \left(-\dfrac{1}{10}\right) \div \dfrac{15}{4} \times \left(-\dfrac{10}{3}\right) \div \left(-\dfrac{1}{9}\right) = \dfrac{15}{4} \times \dfrac{1}{10} \times \dfrac{4}{15} \times \dfrac{10}{3} \times (-9) = -3$.

【评注】 对于只含乘除混合运算的式子,可统一成乘法运算,能用运算律的尽可能用,以简化计算.

2. 如图 1 所示,绳上挂着一个风铃,分别由正三角形,正四、五、六、七、八边形和圆形的饰物组成,共重 144 克(绳子和横杆的重量忽略不计). 那么,正三角形和正方形饰物的重量和是_____克.

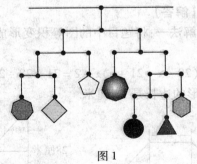

图 1

【答案】 27.

【解答】 记圆、三角形、四边形、五边形、六边形、七边形和八边形的面积分别为 $S_0, S_3, S_4, S_5, S_6, S_7, S_8$. 根据平衡关系,

$$S_0 = S_3, \quad S_6 = 2S_0, \quad S_8 = 4S_0, \quad S_7 = S_4, \quad S_5 = 2S_4, \quad 2S_5 = 2S_8,$$

并且

$$2S_5 + 2S_8 = 144.$$

进而推出

$$S_5 = S_8 = 36, S_4 = 18, S_3 = 9, S_3 + S_4 = 27.$$

3. 已知关于 x 的不等式 $ax + b \geq 0$ 的解集是 $x \leq \dfrac{1}{3}$，则满足不等式 $bx - 2a \geq 0$ 的 x 的最小值为_____.

【答案】 -6.

【解答】 $a < 0, x \leq -\dfrac{b}{a}, -\dfrac{b}{a} = \dfrac{1}{3}, b = -\dfrac{1}{3}a > 0$，后一不等式的解为 $x \geq \dfrac{2a}{b}$，即 $x \geq -6$.

4. 定义一个运算，

$$x^{\star} = \begin{cases} x, & \text{当 } x > 0 \text{ 时} \\ 0, & \text{当 } x \leq 0 \text{ 时} \end{cases},$$

如果 x 满足方程 $(x - 10)^{\star} + |(x^{\star} + 5) - 1999| = 2012$，则 x 的值为_____.

【答案】 2008.

【解答】 利用分区间讨论的方法：

当 $x \leq 0$ 时，方程变为一般的绝对值方程 $||(0 + 5) - 1999|| = 2012$，无解；

当 $0 \leq x \leq 10$ 时，方程变为 $||(x + 5) - 1999|| = 2012$，无解；

当 $10 < x \leq 1994$ 时，方程为 $(x - 10) + 1994 - x = 2012$，无解；

当 $1994 < x$ 时，方程为 $(x - 10) + x - 1994 = 2012$，则 $x = 2008$ 是方程的解.

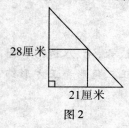

28厘米

21厘米

图 2

5. 如图 2 所示，一个直角三角形的两条直角边分别为 21 厘米和 28 厘米，在这个三角形内画一个正方形，正方形的一个顶点在斜边上，则这个正方形的边长是_____厘米.

【答案】 12.

【解答】

解法一：将题目中的图等积变形成图 A-1. 设该正方形的边长为 x 厘米，可得方程：

$$(28 - x + 21 + x)x \div 2 = 21 \times 28 \div 2,$$

解得：$x = 12$. 即：这个正方形的边长是 12 厘米.

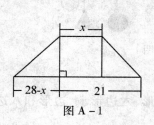

x

28-x   21

图 A-1

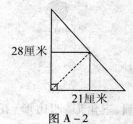

28厘米

21厘米

图 A-2

解法二：连接这个正方形的斜边点与直角三角形的直角顶点（如图 A-2）. 设该正方形的边长为 x 厘米，可得方程：

$$\frac{1}{2} \times 28x + \frac{1}{2} \times 21x = \frac{1}{2} \times 28 \times 21,$$

解得:$x = 12$.

6. 所有分母等于 2012 的最简真分数的和是_____.

【答案】 502.

【解答】 分母为 2012 的真分数有 2011 个,其中不是最简的有

$$\left[\frac{2012}{2}\right] + \left[\frac{2012}{503}\right] - \left[\frac{2012}{2 \times 503}\right] - 1 = 1007 \text{ 个}.$$

则最简真分数有 1004 个首尾配对有 502 对,每对的和为 1,所以这些数的和为 502.

7. 如图 3,圆 O 的面积为 32,$OC \perp AB$,$\angle AOE = \angle EOD$,$\angle COF = \angle FOD$,则扇形 EOF 的面积为_____.

【答案】 4.

【解答】 设 $\angle COD = x$,则

$$\angle AOE = \frac{1}{2}(90° + x) = 45° + \frac{1}{2}x,$$

$$\angle COE = 90° - (45° + \frac{1}{2}x) = 45° - \frac{1}{2}x,$$

$$\angle COF = \frac{1}{2}x, \quad \angle EOF = \angle EOC + \angle COF = 45°,$$

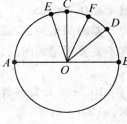

图 3

扇形 EOF 的面积为

$$\frac{45}{360} \times 32 = 4.$$

8. 设 $1^2 + 2^2 + 3^2 + \cdots + 2011^2 + 2012^2$ 被 3 除的余数等于 m,而被 5 除的余数等于 n,则 $m + n = $_____.

【答案】 1.

【解答】 易知在 $1,2,3,\cdots,2011,2012$ 中,有 670 个被 3 整除的数,其余 1342 个数是要么是 $3k + 1$ 型的数,要么是 $3k + 2$ 型的数. 由于

$$(3k + 1)^2 = 9k^2 + 6k + 1 = 3(3k^2 + 2k) + 1,$$

被 3 除余 1,并且

$$(3k + 2)^2 = 9k^2 + 12k + 4 = 3(3k^2 + 4k + 1) + 1,$$

被 3 除也余 1. 所以 $1^2 + 2^2 + 3^2 + \cdots + 2011^2 + 2012^2$ 被 3 除的余数等于 1342 被 3 除的余数,等于 1. 即 $m = 1$.

又因为

$$(k - 2)^2 + (k - 1)^2 + k^2 + (k + 1)^2 + (k + 2)^2 = 5k^2 + 10 = 5(k^2 + 2),$$

即连续 5 个自然数的平方和被 5 整除. 因此 $1^2 + 2^2 + 3^3 + \cdots + 2011^2 + 2012^2$ 被 5 除的余数,等于 $1^2 + 2^2$ 被 5 除的余数,等于 0. 所以 $n = 0$. 因此 $m + n = 1$.

二、回答下列各题(每小题10分,共40分,写出答案即可)

9. 从甲地到乙地有20站,并且任何相邻两站之间的距离相同,快车和慢车每小时从甲地各发一趟,快车整点发车,慢车发车时间晚半小时.快车每站车费5元,慢车每站车费2元,但快车的速度是慢车速度的2倍,快车从甲地到乙地共需2个小时.上午9:30时,一位只有70元钱的旅客在甲地乘车,问:他从甲地到乙地所需的最短时间为多少小时?(忽略车进出站上下乘客的时间,但旅客等车时间要计算在内.)

【答案】　3.

【解答】　设旅客乘慢车x站,快车y站,则
$$x+y=20, 2x+5y \leqslant 70,$$
得$x \geqslant 10, y \leqslant 10$.

要时间最短,应该$x=y=10$,先乘慢车5站,再乘快车10站,最后再乘慢车5站,这样不需要等待的时间,所需的最短时间为3小时.

10. x, y为自然数,$x > y$,满足$x+y=2A, xy=G^2$,A和G都是两位数,且互为反序数,求$x+y$的值.

【答案】　130.

【解答】　设$A=10a+b, G=10b+a$,其中a, b为非零数字.则
$$x+y=20a+2b, xy=(10b+a)^2=100b^2+20ab+a^2;$$
$$(x+y)^2=x^2+2xy+y^2=400a^2+80ab+4b^2;$$
$$x^2+y^2=400a^2+80ab+4b^2-2(100b^2+20ab+a^2)=398a^2-196b^2+40ab;$$
$$(x-y)^2=x^2-2xy+y^2=398a^2-196b^2+40ab-2(100b^2+20ab+a^2)$$
$$=396(a^2-b^2)=396(a+b)(a-b)=2^2 \times 3^2 \times 11(a+b)(a-b).$$
因为a, b为非零数字,有
$$2 \leqslant a+b \leqslant 18, 0 \leqslant a-b \leqslant 8,$$
所以$a+b=11$与$a-b=1$,得到$a=6, b=5$.

由$(x-y)^2=2^2 \times 3^2 \times 11^2$,推出$x-y=66$.又$x+y=20a+2b=130$,所以
$$x=98, y=32.$$

11. 4枚硬币中可能混有伪币,已知真币每枚重18克,伪币每枚重17克,用一台可以称出物体重量的台秤,为了鉴别出每枚硬币的真伪,至少需要做几次称重?

【答案】　3.

【解答】

(1)只需要3次称出其中3枚总重量.设4枚硬币分别重a, b, c, d,
$$S_1=a+b+c, S_2=a+b+d, S_3=a+c+d.$$
需要计算:$S=S_1+S_2+S_3=3a+2b+2c+2d$. 因此$S \equiv a \pmod 2$. 于是依次可以确定$a \to d \to c \to b$ 的真伪.

1)当S为奇数时,$a=17$伪币,当S为偶数时,$a=18$真币;

2)因为 $S_2 + S_3 = 2a + (b + c) + 2d$,所以

$$d = \frac{1}{2} \{ S_2 + S_3 - 2a - (S_1 - a) \} = \frac{1}{2} (-S_1 + S_2 + S_3 - a);$$

3)$b = S_2 - a - d, c = S_3 - a - d.$

（2）对于 2 枚真币及 2 枚伪币的情况,称两次无法鉴别出每枚硬币的重量.因此,至少称 3 次才能鉴别出每枚硬币的真伪.

12. 如图 4 所示,直角三角形 ACB 的两条直角边 AC 和 BC 的长分别为 14 厘米和 28 厘米,CA 和 CB 分别绕点 A 和 B 点旋转 $90°$ 至 DA 和 EB. 若 DB 和 AE 相交于点 P,求三角形 PAB 的面积.

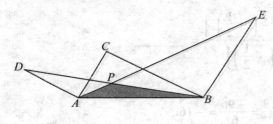

图 4

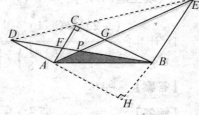

图 A - 3

【答案】 56 平方厘米.

【解答】 易知,$\angle DCA = \angle BCE = 45°$,$\angle ACB = 90°$,所以,$DCE$ 是一条直线. 延长 DA, EB 相交于 H. 则 $DH \perp EH$. 如图 A - 3,因为

$$\frac{PB}{DP} = \frac{S_{\triangle ABE}}{S_{\triangle ADE}} = \frac{\frac{1}{2}AH \times BE}{\frac{1}{2}AD \times EH} = \frac{14 \times 28}{7 \times 42} = \frac{4}{3},$$

所以

$$\frac{PB}{DB} = \frac{PB}{DP + PB} = \frac{4}{3 + 4} = \frac{4}{7}.$$

而

$$S_{\triangle ADB} = S_{\triangle ADC} = \frac{14 \times 14}{2} = 98 (\text{平方厘米}),$$

所以

$$S_{\triangle PAB} = S_{\triangle ADB} \times \frac{4}{7} = 98 \times \frac{4}{7} = 56 (\text{平方厘米}).$$

决赛笔试试题 A 卷解答

一、填空题（每小题 10 分, 共 80 分）

1. 计算: $\dfrac{(-2)^4 \times (-1)^3 - |-10| \div \left[-\left(-\dfrac{1}{2}\right)^3\right]}{-2^2 \times \left(-\dfrac{1}{8}\right) + \left[1 - 3^2 \times \left(-\dfrac{1}{2}\right)\right]}$ = _____.

【答案】 -16.

【解答】 原式 $= \dfrac{-16 - 10 \times 8}{\dfrac{1}{2} + 1 + \dfrac{9}{2}} = \dfrac{-96}{6} = -16$.

2. 一串有规律排列的数, 从第二项起每一项都等于 1 加前一项的倒数之和. 当第五项是 0 时, 第一项是 _____.

【答案】 $-\dfrac{3}{5}$.

【解答】 设第一项是 a, 根据题意,

第二项是 $1 + \dfrac{1}{a} = \dfrac{a+1}{a}$,

第三项是 $1 + \dfrac{a}{a+1} = \dfrac{2a+1}{a+1}$,

第四项是 $1 + \dfrac{a+1}{2a+1} = \dfrac{3a+1}{2a+1}$,

第五项是 $1 + \dfrac{2a+1}{3a+2} = \dfrac{5a+3}{3a+2}$.

因为 $\dfrac{5a+3}{3a+2} = 0$, 所以 $5a + 3 = 0$, $a = -\dfrac{3}{5}$.

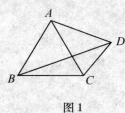

图1

3. 如图 1, $AB = BC = CA = AD$, 则 $\angle BDC$ = _____.

【答案】 $30°$.

【解答】 设 $\angle CAD = 2\alpha$, 则

$\angle CDA = 90° - \alpha$, $\angle ADB = 60° - \alpha$,

故 $\angle BDC = 30°$.

4. 已知 $a = b + 2c, b = 3c, c = 7b - a - 20$,那么 $b =$ _____.

【答案】 4.

【解答】 由 $a = b + 2c, b = 3c$ 可得 $a = 5c$,由 $c = 7b - a - 20$ 可得

$$c = 7 \times 3c - 5c - 20,$$

因此有

$$c = \frac{4}{3}, b = 4.$$

5. 使 $n^3 + 3$ 与 $n - 4$ 不互质的大于 4 的最小整数 n 的值为 _____.

【答案】 71.

【解答】

解法一:设 $(n^3 + 3, n - 4) = d(d > 1)$,由此知,

$$d \mid n^3 + 3 - (n - 4)(n^2 + 4n + 16), d \mid 67, d = 67.$$

令 $n - 4 = 67k, k$ 为正整数. 则

$$\begin{aligned} n^3 + 3 &= (67k + 4)^3 + 3 \\ &= 67^3 k^3 + 3 \times 67^2 k^2 \times 4 + 3 \times 67k \times 4^2 + 4^3 + 3 \\ &= 67(67^2 k^3 + 3 \times 67k^2 \times 4 + k \times 4^2 + 1), \end{aligned}$$

$n^3 + 3$ 是 67 的倍数. 于是,$n = 67k + 4$ 的最小值为 71($k = 1$),此时,$n^3 + 3$ 与 $n - 4$ 的最大公约数为 67.

解法二:令 $n - 4 = k, k \geqslant 1$,则

$$n^3 + 3 = (k + 4)^3 + 3 = k^3 + 12k^2 + 48k + 67, k \geqslant 1,$$

因此,$k^3 + 12k^2 + 48k + 67$ 和 k 的公约数就是 67 和 k 公约数,而 67 是质数,所以它们的公约数除了 1 以外,最小的只能是 67,于是最小的 $k = 67$,所以 $n = 71$.

6. 一个学校选出 5 个年级共 8 个班,从每个班至少选出一名学生,则在这些选出的学生中,至少有 _____ 名学生,他们的同班同学比他们的同年级同学少.

【答案】 4.

【解答】

解法一:

(1)如果选出的学生所在年级中只有一个班,则和他同年级的选出学生数等于和他同班的选出学生数.

(2)设一个年级仅有 1 个班的年级总数为 n,则所在年级至少有两个班的班级总数是 $8 - n$. 设有 m 名学生,在选出的学生中,他们的同班同学比他们的同年级同学少. 可知,$m \geqslant 8 - n$.

(3)从 5 个年级共 8 个班中,仅有 1 个班的年级总数至多是 4,即 $n \leqslant 4$,所以 $m \geqslant 4$.

（4）设有 4 个年级均只有 1 个班级，有 4 个班级在同一个年级，每班各选出 1 名学生，则有 4 名学生，在选出的学生中，他们的同班同学比他们的同年级同学少．

解法二：设选出 n 名学生，编号为 $1,2,\cdots,n$. 假设对于第 i 名学生有 a_i 名学生与他同班，有 b_i 名学生与他同年级，则有

$$\frac{1}{a_1}+\frac{1}{a_2}+\cdots+\frac{1}{a_n}=8,\frac{1}{b_1}+\frac{1}{b_2}+\cdots+\frac{1}{b_n}=5,$$

所以

$$\left(\frac{1}{a_1}-\frac{1}{b_1}\right)+\left(\frac{1}{a_2}-\frac{1}{b_2}\right)+\cdots+\left(\frac{1}{a_n}-\frac{1}{b_n}\right)=3. \qquad (*)$$

由于 $b_i\geqslant a_i$ 或 $\frac{1}{a_i}-\frac{1}{b_i}\geqslant 0(i=1,2,\cdots,n)$，其中必有一些 b_i 和 a_i，满足 $b_i>a_i$，即 $\frac{1}{a_i}-\frac{1}{b_i}>0$，否则 $(*)$ 不成立．

不妨设 $\frac{1}{a_i}-\frac{1}{b_i}>0(i=1,2,\cdots,k)$，即有 k 名学生，在选出的学生中，他们的同班同学比他们的同年级同学少．因为每班至少推选 1 名，所以 $\frac{1}{a_i}\leqslant 1(i=1,2,\cdots,k)$；因为 5 个年级共 8 个班，所以 $b_i\leqslant 4(i=1,2,\cdots,k)$．进而，从 $(*)$ 式得到，

$$3=\left(\frac{1}{a_1}-\frac{1}{b_1}\right)+\left(\frac{1}{a_2}-\frac{1}{b_2}\right)+\cdots+\left(\frac{1}{a_k}-\frac{1}{b_k}\right)\leqslant k\times\left(1-\frac{1}{4}\right),$$

即 $k\geqslant 4$．

设有 4 个年级均只有 1 个班级，有 4 个班级在同一个年级，每班各选出 1 名学生，则 $k=4$．

7. 某个水池存有的水量是其容量的 $\frac{1}{18}$．两台抽水机同时向水池注水，当水池的水量达到 $\frac{2}{9}$ 时，第一台抽水机开始单独向水池注水，用时 81 分钟，所注入的水量等于第二台抽水机已注入水池内的水量．然后第二台抽水机单独向水池注水 49 分钟，此时，两台抽水机注入水池的总水量相同．之后，两台抽水机都继续向水池注水．那么两台抽水机还需要一起注水_____分钟，方能将水池注满水．

【答案】 231.

【解答】 设水池容量为 1．由题意可知：两台抽水机第一次同时向水池注水的水量是

$$\frac{2}{9}-\frac{1}{18}=\frac{1}{6}.$$

设两台抽水机单独向水池注水的水量为 $\frac{1}{6}$ 时所需时间分别为 V_1 和 V_2，两台抽水机一起向水池注水的水量为 $\frac{1}{6}$ 时，设所需时间为 t，则有下列方程：

$$\frac{t}{V_2} = \frac{81}{V_1}, \frac{t}{V_1} = \frac{49}{V_2}.$$

所以,

$$\frac{V_2}{V_1} = \frac{7}{9}, t = 7 \times 9 = 63.$$

由题意可知:两台抽水机单独向水池注水的水量之和也是 $\frac{1}{6}$,两台抽水机都继续向水池注水,还需要注水

$$1 - 2 \times \frac{1}{6} - \frac{1}{18} = \frac{11}{18}$$

方能将水池注满水,故有

$$\left(\frac{11}{18} \div \frac{1}{6}\right) \times 63 = 231(\text{分钟}).$$

8. 有 16 位选手参加象棋晋级赛. 每两人都只赛一盘. 每盘胜者积 1 分,败者积 0 分. 如果和棋,每人各积 0.5 分. 比赛全部结束后,积分不少于 10 分者可以晋级. 则本次比赛最多有_____名晋级者.

【答案】 11.

【解答】 16 名选手共比赛 $\frac{16 \times 15}{2} = 120(\text{盘})$,总积分为 120 分. 由于积分不少于 10 分者晋级,所以晋级者不超过 $\frac{120}{10} = 12(\text{名})$.

首先证明 12 名晋级者是不可能的. 假设晋级者等于 12 名,则非晋级者为 4 名,这 4 人彼此间赛 6 盘共计积 6 分,因此 12 名晋级者至多积分为 114 分. 由于 12 个人积分之和等于 114 < 120,至少有一人积分数小于 10 分,与这人晋级矛盾! 所以晋级者最多 11 人.

评出 11 名晋级者是可能的. 由于 11 个人之间共赛 $\frac{11 \times 10}{2} = 55(\text{盘})$,共计分 55 分,如果这 55 盘都是和棋,则每人积分 5 分. 另外这 11 人每人都要和其余 5 名非晋级者比赛,设每场都胜,则每人又积 5 分,因此这 11 名选手每人都积 5 + 5 = 10(分),符合评为优胜者的标准.

二、解答下列各题(每小题 10 分,共 40 分,要求写出简要过程)

9. 解方程组

$$\begin{cases} |x + 3y| + |5x - y + 2| = 5 \\ 2x + y = 1 \end{cases}.$$

【答案】 $x = \frac{1}{2}, y = 0; x = -\frac{1}{4}, y = \frac{3}{2}.$

【解答】 由第二个方程解得

$$y = 1 - 2x$$

将①代入第一个方程,得到

$$|x+3(1-2x)|+|5x-(1-2x)+2|=5$$

即

$$|3-5x|+|7x+1|=5 \qquad ②$$

分以下几种情形讨论:

(1)当 $3-5x\geq0\left(x\leq\dfrac{3}{5}\right)$ 和 $7x+1\geq0\left(x\geq-\dfrac{1}{7}\right)$ 时,方程②化为

$$3-5x+7x+1=5\Rightarrow2x=1\Rightarrow x=\dfrac{1}{2}.$$

因为 $-\dfrac{1}{7}<\dfrac{1}{2}<\dfrac{3}{5}$,故②有解 $x=\dfrac{1}{2}$,从而 $y=0$.

(2)当 $3-5x<0\left(x>\dfrac{3}{5}\right)$ 和 $7x+1>0\left(x>-\dfrac{1}{7}\right)$ 时,即 $x>\dfrac{3}{5}$ 时,方程②化为

$$5x-3+7x+1=5\Rightarrow12x=7\Rightarrow x=\dfrac{7}{12}.$$

因为 $\dfrac{7}{12}<\dfrac{3}{5}$,故 $x=\dfrac{7}{12}$ 不是②的解.

(3)当 $3-5x>0\left(x<\dfrac{3}{5}\right)$ 和 $7x+1<0\left(x<-\dfrac{1}{7}\right)$ 时,即 $x<-\dfrac{1}{7}$ 时,方程②化为

$$3-5x-7x-1=5\Rightarrow-12x=3\Rightarrow x=-\dfrac{1}{4}.$$

因为 $-\dfrac{1}{4}<-\dfrac{1}{7}$,故得解 $x=-\dfrac{1}{4}$. 从而 $y=\dfrac{3}{2}$.

(4)当 $3-5x<0$ 和 $7x+1<0$ 时,也无解.

所以,原方程组有两组解:$x=\dfrac{1}{2},y=0$;$x=-\dfrac{1}{4},y=\dfrac{3}{2}$.

10. 从 2000 年到 2099 年,有没有哪些年份可以表示成 3^m-3^n 的形式,其中 m,n 均为正整数?如果有,请列举出来;如果没有,请说明理由.

【答案】 没有.

【解答】 $2000\leq3^m-3^n\leq2099$,而 $3^m-3^{m-1}\leq3^m-3^n\leq3^m-3$,因此有

$$\begin{cases}3^m-3^{m-1}\leq2099\\3^m-3\geq2000\end{cases},\dfrac{2000}{3}\leq3^{m-1}\leq\dfrac{2099}{2},$$

即

$$667\leq3^{m-1}\leq1049.$$

那么只有 $3^6=729$ 满足条件,因此 $m-1=6,m=7$.

另一方面,

$$2000\leq2187-3^n\leq2099,88\leq3^n\leq187.$$

而 $3^4=81$、$3^5=243$,因此没有满足条件的 n,因此在本世纪中,没有一个年份可以表示

成 $3^m - 3^n$ 的形式.

11. 设 $[x]$ 表示不大于 x 的最大整数. 求方程 $x \times \left[\dfrac{11}{x}\right] = 12$ 的解的个数及所有解 x.

【答案】 11 个,所有的解为 $-12, -6, -4, -3, -2, -\dfrac{12}{5}, -\dfrac{12}{7}, -\dfrac{12}{11}, -\dfrac{6}{5}, -\dfrac{4}{3}, -\dfrac{3}{2}$.

【解答】 令 $x = \dfrac{q}{p}$, p, q 为整数, $q \geq 1$, $(p, q) = 1$. 代入给定方程,得到

$$\frac{q}{p} \cdot \left[\frac{11p}{q}\right] = 12 \quad \Rightarrow \quad q \cdot \left[\frac{11p}{q}\right] = 12 \cdot p. \qquad ①$$

因为 $(p, q) = 1$,故 $q \mid 12$, 12 的因数有 $1, 2, 3, 4, 6, 12$.

(1) 当 $q = 12$ 时,由①可得

$$\left[\frac{11p}{12}\right] = p \Rightarrow \left[p - \frac{p}{12}\right] = p \Rightarrow \left[-\frac{p}{12}\right] = 0,$$

$$0 < -\frac{p}{12} < 1 \Rightarrow -1 < \frac{p}{12} < 0 \Rightarrow -12 < p < 0,$$

再由 $(p, q) = 1$,得到 $p = -1, -5, -7, -11$.

(2) 当 $q = 6$ 时,由①得

$$\left[\frac{11p}{6}\right] = 2p \Rightarrow \left[2p - \frac{p}{6}\right] = 2p \Rightarrow \left[-\frac{p}{6}\right] = 0 \Rightarrow -6 < p < 0.$$

再由 $(p, q) = 1$,得到 $p = -1, -5$.

(3) 当 $q = 4$ 时,由①得

$$\left[\frac{11p}{4}\right] = 3p \Rightarrow \left[3p - \frac{p}{4}\right] = 3p \Rightarrow \left[-\frac{p}{4}\right] = 0 \Rightarrow -4 < p < 0,$$

再由 $(p, q) = 1$,得到 $p = -1, -3$.

(4) 当 $q = 3$ 时,由①得

$$\left[\frac{11p}{3}\right] = 4p \Rightarrow \left[-\frac{1}{3}p\right] = 0,$$

由此得到 $p = -1, -2$.

(5) 当 $q = 2$ 时,由①得

$$\left[\frac{11p}{2}\right] = 6p \Rightarrow \left[-\frac{p}{2}\right] = 0 \quad \Rightarrow \quad p = -1.$$

故所给方程一共有 11 个解:

$$-12, -6, -4, -3, -2, -\frac{12}{5}, -\frac{12}{7}, -\frac{12}{11}, -\frac{6}{5}, -\frac{4}{3}, -\frac{3}{2}.$$

【注记】 如果不要求 $(p, q) = 1$,在①中令 $q = 12$,可以解得 $-12 < p < 0$,即 $p = -1$, $-2, -3, -4, -5, -6, -7, -8, -9, -10, -11$,实际上 $\dfrac{q}{p}$ 给出了所有的解. 但理由并不显然. 而上面的解法正说明了得到的是所有的解.

12. 请你列出所有具有 $\dfrac{c}{a} = \dfrac{cbb\cdots bb}{bb\cdots bba}$ 特性的真分数 $\dfrac{c}{a}$，其中 a, b, c 为数字，分子中 b 的数目与分母中 b 的数目相等. 例如分数 $\dfrac{1}{4} = \dfrac{16}{64} = \dfrac{166}{664} = \dfrac{166\cdots 66}{66\cdots 664}$. 要求写出计算过程.

【答案】 $\dfrac{2}{5}$（添上 6），$\dfrac{4}{8}$（添上 9），$\dfrac{1}{4}$（添上 6）和 $\dfrac{1}{5}$（添上 9）.

【解答】 首先考虑满足 $\dfrac{x}{z} = \dfrac{\overline{xy}}{\overline{yz}}$ 的一位正整数，x, y, z 其中 $\overline{xy} = 10x + y$，$\overline{yz} = 10y + z$.

乘开可得 $10xy + xz = 10xz + yz$，因此 $x = \dfrac{yz}{10y - 9z}$. 由于 y, z 都是一位数，且 $10y - 9z > 0$，故 $y \geqslant z$，由于当 $y = z$ 时，$x = y = z$，不合题意，故有 $y > z$.

若 $y = z + 1$，代入 $x = \dfrac{yz}{10y - 9z}$ 得 $x = \dfrac{z(z+1)}{z+10} = z - 9 + \dfrac{90}{z+10}$，这说明 $z + 10$ 是 90 的约数. 而在 11 到 19 之间，90 的约数仅有 15 和 18，故 $z = 5$ 或 $z = 8$，分别解得 $x = 2$ 和 $x = 4$.

若 $y = z + 2$，代入 $x = \dfrac{yz}{10y - 9z}$ 得 $x = \dfrac{z(z+1)}{z+20} = z - 18 + \dfrac{360}{z+20}$，这说明 $z + 20$ 是 360 的约数. 而在 21 到 29 之间，360 的约数仅有 24，故 $z = 4$，解得 $x = 1$.

若 $y \geqslant z + 3$，则 $x = \dfrac{yz}{10y - 9z} = \dfrac{yz}{y + 27} < \dfrac{yz}{3y} = \dfrac{z}{3} \leqslant 2$，因此 $x = 1$，故 $yz = 10y - 9z$，故 $10y = (y + 9)z$. 由于 $y > 1$，故 $y + 9 > 10$，因此 $(y, y + 9) > 1$，这说明 y 是 3 的倍数，分别取 $y = 3, 6, 9$ 得 $z = \dfrac{3}{2}, 4, 5$，仅有 $y = 9, z = 5$ 符合条件.

综上所述，所有具有题目所述特性的分数为 $\dfrac{2}{5}$（添上 6），$\dfrac{4}{8}$（添上 9），$\dfrac{1}{4}$（添上 6）和 $\dfrac{1}{5}$（添上 9）.

三、解答下列各题（每小题 15 分，共 30 分，要求写出详细过程）

13. 图 2 中，$ABCD$ 是平行四边形，面积是 1，F 为 DC 上一点，E 为 AB 上一点，连接 AF, BF, DE, CE, AF 交 DE 于 G, EC 交 FB 于 H. 已知 $\dfrac{AE}{EB} = \dfrac{1}{4}$，灰色三角形 BHC 的面积是 $\dfrac{1}{8}$，求三角形 ADG 的面积.

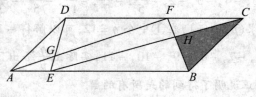

图 2

【答案】 $\dfrac{7}{92}$.

【解答】 设 $DF = x$, $FC = y$, $\dfrac{x}{y} = z$. 如图 A – 1, 连接 EF, 分别用①～⑧记其所在的三角形的面积.

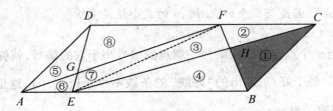

图 A – 1

由已知条件 $ABCD$ 是面积为 1 的平行四边形和三角形面积公式, 可得到:

$$① = ③ = \frac{1}{8}, ② + ① = \frac{1}{2} \times \frac{y}{x + y}, ④ + ① = \frac{2}{5},$$

并且

$$②/③ = ①/④, 即② \times ④ = \frac{1}{64}.$$

将

$$② = \frac{1}{2} \times \frac{y}{x + y} - \frac{1}{8} 和④ = \frac{2}{5} - \frac{1}{8} = \frac{11}{40}$$

代入 $② \times ④ = \dfrac{1}{64}$, 马上得到:

$$\left(\frac{1}{2} \times \frac{y}{x + y} - \frac{1}{8} \right) \times \frac{11}{40} = \frac{1}{64},$$

可得

$$11 \times \left(4 \times \frac{y}{x + y} - 1 \right) = 5, \ 4 \times \frac{1}{z + 1} = \frac{5}{11} + 1, \ \frac{1}{z + 1} = \frac{4}{11}, \ z = \frac{7}{4}.$$

类似可得

$$⑤ + ⑧ = \frac{7}{22}, ⑦ + ⑥ = \frac{1}{10}, ⑤ \times ⑦ = ⑥ \times ⑧, ⑤ = ⑦.$$

从上面四个等式, 可以得到:

$$⑤ \times ⑤ = \left(\frac{1}{10} - ⑤ \right) \times \left(\frac{7}{22} - ⑤ \right),$$

解上面关于⑤的方程,

$$⑤ = \frac{\frac{1}{10} \times \frac{7}{22}}{\frac{1}{10} + \frac{7}{22}} = \frac{7}{92},$$

三角形 ADG 的面积是 $\dfrac{7}{92}$.

14. 平面上有从 1 到 n 编了号的 n 个点,每个点与另外 k 个点连有直线段,若一个点连的 k 条直线段的另外 k 个端点的编号中有多于一半的编号小于它自身的编号,这个点就称为"好点". 若恰有 5 个好点. 问:n 的最小值是多少?

【答案】 8.

【解答】 当一个点连的线段的另一端点的编号小于它的编号,就称这条线段为该点发出的"好线". 每个好点,发出的"好线"的条数不小于 $\left[\dfrac{k}{2}\right]+1$,这里令 $[x]$ 表示不大于 x 的最大整数,$\{x\}=x-[x]$.

编号为 n 的点发出的连线都是好线,其他 4 个好点发出的连线的条数大于等于

$$4\times\left(\left[\dfrac{k}{2}\right]+1\right)\geqslant 4\times\dfrac{k+1}{2}=2k+2.$$

由于 5 个好点发出的好线的条数小于所有的连线数 $\dfrac{nk}{2}$,所以

$$k+2k+2<\dfrac{nk}{2},$$

$$4<k(n-6). \qquad\qquad (*)$$

另外,设好点中最小编号为 m,则编号为 $1,2,\cdots,m-1$ 的点都不是好点,而非好点的总数是 $n-5$,所以,$m-1\leqslant n-5$. 此外,第 m 号点最多只能发出 $m-1$ 条好线,因此,

$$\left[\dfrac{k}{2}\right]+1\leqslant m-1\leqslant n-5,$$

$$\dfrac{k}{2}-\left\{\dfrac{k}{2}\right\}+1\leqslant n-5,$$

$$\dfrac{k}{2}\leqslant n-5-1+\left\{\dfrac{k}{2}\right\}\leqslant\dfrac{2n-11}{2},\ k\leqslant 2n-11. \qquad\qquad (**)$$

由 $(*)$ 和 $(**)$,$4<(2n-11)(n-6)$,不难验证,$n\geqslant 8$ 不等式才能成立.

下面例子说明,$n=8$ 是可以达到的. 现设 $n=8$,取 $k=3$,有

	1	2	3	4	5	6	7	8
1				*	*	*		
2				*	*			*
3				*			*	*
4	*	*	*					
5	*	*				*		
6	*				*		*	
7			*			*		*
8		*	*			*		

* 表示编号等于行号和列号的两个点连线.

决赛笔试试题 B 卷解答

一、填空题(每小题10分,共80分)

1. 计算:$\dfrac{(-2)^3\times(-1)^4-|-12|\div\left[-\left(-\dfrac{1}{2}\right)^2\right]}{-2^2\times\left(-\dfrac{1}{4}\right)+[1-3^2\times(-2)]}=$_____.

【答案】 2.

【解答】

$$原式=\frac{-8\times1-12\div\left(-\dfrac{1}{4}\right)}{-4\times\left(-\dfrac{1}{4}\right)+[1-9\times(-2)]}=\frac{-8-12\times(-4)}{1+(1+18)}=\frac{40}{20}=2.$$

【评注】 本题中有有理数的绝对值、乘方和四则运算.在运算中应化小数为分数,化带分数为假分数,化除法为乘法;并注意乘方时底数符号的确定,奇、偶次幂正负号的确定.

2. 一串有规律排列的数,从第二项起每一项都是2+前一项的倒数之和.当第五项是20时,第一项是_____.

【答案】 $-\dfrac{88}{211}$.

【解答】 设第一项是a,根据题意,

第二项是$2+\dfrac{1}{a}=\dfrac{2a+1}{a}$,

第三项是$2+\dfrac{a}{2a+1}=\dfrac{5a+2}{2a+1}$,

第四项是$2+\dfrac{2a+1}{5a+2}=\dfrac{12a+5}{5a+2}$,

第五项是$2+\dfrac{5a+2}{12a+5}=\dfrac{29a+12}{12a+5}$.

因为$\dfrac{29a+12}{12a+5}=20$,所以$29a+12=20(12a+5)$,$a=-\dfrac{88}{211}$.

3. 两条直角边相差 5 分米,且斜边为 20 分米的直角三角形的面积为_____平方分米.

【答案】 93.75.

【解答】 用四个相同的直角三角形构造弦图,则

$$\frac{20 \times 20 - 5 \times 5}{4} = 93.75.$$

4. 令 $[x]$ 表示不大于 x 的最大整数,$\{x\} = x - [x]$,则

$$\left\{\frac{2012+1}{5}\right\} + \left\{\frac{2012+2}{5}\right\} + \left\{\frac{2012+3}{5}\right\} + \cdots + \left\{\frac{2012+2012}{5}\right\}$$

的值为_____.

【答案】 805.4.

【解答】 容易计算

$$\left\{\frac{2012+1}{5}\right\} = \frac{3}{5}, \left\{\frac{2012+2}{5}\right\} = \frac{4}{5}, \left\{\frac{2012+3}{5}\right\} = 0, \left\{\frac{2012+4}{5}\right\} = \frac{1}{5}, \left\{\frac{2012+5}{5}\right\} = \frac{2}{5},$$

$$\left\{\frac{2012+6}{5}\right\} = \frac{3}{5}, \cdots, \left\{\frac{2012+2012}{5}\right\} = \frac{4}{5}$$

每 5 个一个周期,所以,原式等于

$$\frac{3+4}{5} + \frac{0+1+2+3+4}{5} \times \frac{2010}{5} = 805.4.$$

5. 如图 1,四边形 $MAOB$ 与 $NAOB$,且 $S_{四边形MAOB} = S_{四边形NAOB} = 40$,点 P 在线段 MN 上,则 $S_{四边形PAOB}$ 的面积等于_____.

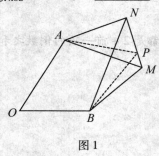

图 1　　　　　　　　图 A-1

【答案】 40.

【解答】 连 AB. 见图 A-1. 由

$$S_{四边形MAOB} = S_{四边形NAOB} = 40,$$

知 $S_{\triangle MAB} = S_{\triangle NAB}$,故它们在 AB 上的高相等,所以

$$NM // AB.$$

因点 P 在 MN 上,故 $S_{\triangle PAB} = S_{\triangle MAB}$,从而 $S_{四边形PAOB} = S_{四边形MAOB} = 40$.

6. 设 $m = 2^n - n^2$. 当 n 取 $1, 2, \cdots, 2012$ 时, 能被 6 整除的 m 有 _____ 个.

【答案】 671.

【解答】

n	1	2	3	4	5	6	7	8	9	10	11	12	13	14
2^n 除以 6 的余数	2	4	2	4	2	4	2	4	2	4	2	4	2	4
n^2 除以 6 的余数	1	4	3	4	1	0	1	4	3	4	1	0	1	4
$2^n - n^2$ 除以 6 的余数	1	0	5	0	1	4	1	0	5	0	1	4	1	0

2^n 除以 6 的余数随 n 的增加, 两个数一个循环; n^2 除以 6 的余数, 随 n 的增大, 每 6 个数一个循环. 由此可见, $2^n - n^2$ 除以 6 的余数, 随 n 的增大, 每 6 个数一个循环. 在此一个循环中, 有两个余数为零. 因此

$$2012 \div 6 = 335 \cdots\cdots 2,$$

于是, 当自然数 n 取 $1, 2, \cdots, 2012$ 时, 能被 6 整除的 m 个数为:

$$335 \times 2 + 1 = 671 (\text{个}).$$

7. 一个学校选出 5 个年级共 8 个班, 从每个班至少选出一名学生, 则在这些选出的学生中, 至少有 _____ 名学生, 他们的同班同学比他们的同年级同学少.

【答案】 4.

解法一:

(1) 如果选出的学生所在年级中只有一个班, 则和他同年级的选出学生数等于和他同班的选出学生数.

(2) 设一个年级仅有 1 个班的年级总数为 n, 则所在年级至少有两个班的班级总数是 $8 - n$. 设有 m 名学生, 在选出的学生中, 他们的同班同学比他们的同年级同学少. 可知, $m \geqslant 8 - n$.

(3) 从 5 个年级共 8 个班中, 仅有 1 个班的年级总数至多是 4, 即 $n \leqslant 4$, 所以 $m \geqslant 4$.

(4) 设有 4 个年级均只有 1 个班级, 有 4 个班级在同一个年级, 每班各选出 1 名学生, 则有 4 名学生, 在选出的学生中, 他们的同班同学比他们的同年级同学少.

解法二: 设选出 n 名学生, 编号为 $1, 2, \cdots, n$. 假设对于第 i 名学生有 a_i 名学生与他同班, 有 b_i 名学生与他同年级, 则有

$$\frac{1}{a_1} + \frac{1}{a_2} + \cdots + \frac{1}{a_n} = 8, \frac{1}{b_1} + \frac{1}{b_2} + \cdots + \frac{1}{b_n} = 5,$$

所以

$$\left(\frac{1}{a_1} - \frac{1}{b_1}\right) + \left(\frac{1}{a_2} - \frac{1}{b_2}\right) + \cdots + \left(\frac{1}{a_n} - \frac{1}{b_n}\right) = 3. \qquad (*)$$

由于 $b_i \geqslant a_i$ 或 $\frac{1}{a_i} - \frac{1}{b_i} \geqslant 0 (i = 1, 2, \cdots, n)$, 其中必有一些 b_i 和 a_i, 满足 $b_i > a_i$, 即 $\frac{1}{a_i} -$

$\dfrac{1}{b_i}>0$,否则(*)不成立.

不妨设 $\dfrac{1}{a_i}-\dfrac{1}{b_i}>0(i=1,2,\cdots,k)$,即有 k 名学生,在选出的学生中,他们的同班同学比他们的同年级同学少. 因为每班至少推选 1 名,所以 $\dfrac{1}{a_i}\leqslant 1(i=1,2,\cdots,k)$;因为 5 个年级共 8 个班,所以 $b_i\leqslant 4(i=1,2,\cdots,k)$.进而,从(*)式得到,

$$3=\left(\dfrac{1}{a_1}-\dfrac{1}{b_1}\right)+\left(\dfrac{1}{a_2}-\dfrac{1}{b_2}\right)+\cdots+\left(\dfrac{1}{a_k}-\dfrac{1}{b_k}\right)\leqslant k\times\left(1-\dfrac{1}{4}\right),$$

即 $k\geqslant 4$.

设有 4 个年级均只有 1 个班级,有 4 个班级在同一个年级,每班各选出 1 名学生,则 $k=4$.

8. 在乘法算式 $\overline{草绿}\times\overline{花红了}=\overline{春光明媚}$ 中,汉字代表非零数字,不同汉字代表不同的数字,那么 $\overline{春光明媚}$ 所代表的四位数最小是_____.

【答案】 4396.

【解答】 由算式中汉字代表非零数字,不同汉字代表不同的数字的条件,可知:"绿"、"了"和"媚"不能代表数字 5;春光明媚所代表的四位数大于 3000.

(1)先假设"春"代表 3,则"草"和"花"只能分别代表 1 和 2 或 2 和 1.

1)如果"绿"(或"了")代表 6,此时,"了"(或"绿")所能代表的数字则取自{4,7,8,9},当"了"(或"绿")取{4,7,8}时,算式中必将出现重复数字;当"了"(或"绿")取 9 时,

$$\overline{草绿}\times\overline{花红了}\geqslant 26\times 159=4134,$$

说明"了"和"绿"均不能代表 6.

2)如果"绿"代表 4,由已知条件和前面陈述,"了"不能代表 1,2,3,5,6 和 4,"了"也不能代表数字 8,否则算式中将出现重复数字,故只能取 7 或 9. 当 $\overline{草绿}=14$ 和"红"代表的数字大于 7 时,

$$\overline{草绿}\times\overline{花红了}\geqslant 14\times 287=4018.$$

但是,其余的算式,即

$$14\times 257,14\times 259,14\times 267,14\times 269,14\times 279,$$

和它们的积中有重复数字;当 $\overline{草绿}=24$ 和"红"代表的数字大于 5 时,

$$\overline{草绿}\times\overline{花红了}\geqslant 24\times 167=4008.$$

但是,其余的算式,即 $24\times 157,24\times 159$ 和它们的积中有重复数字. 故"绿"不能代表 4.

3)如果"绿"代表的数字大于 6,即为 7 或 8 或 9 时,

$$\overline{草绿}\times\overline{花红了}\geqslant 27\times 148=3996$$

即春光明媚代表的四位数大于 3999 或有重复数字.

已知"绿"不能代表 5,且由 1),2)和 3),当"春"代表 3 时,"绿"不能代表 1,2,3,4,6,7,8,9,即意味矛盾,"春"不能代表 3.

（2）设"春"代表 4，且由"求最小四位数的要求"，可进一步设"光"=3. 此时，"草"和"花"只能分别代表 1 和 2 或 2 和 1，"绿"、"了"和"媚"只能取 6、7、8 和 9 中的数字，由"绿"×"了"的个位是"媚"，7×8＝56，故"媚"字只能取 6，春光明媚取为 4396 或 4356，分解 4396 和 4356，其中 28×157＝4396 满足题目要求.

春光明媚所代表的四位数最小是 4396.

二、解答下列各题（每小题 10 分，共 40 分，要求写出简要过程）

图 2

9. 能否用 500 个图 2 所示的 1×2 的小长方形拼成一个 5×200 的大长方形，使得 5×200 的每一行都有奇数个星、每一列都有偶数个星？请说明理由.

【答案】 不能.

【解答】 因为有奇数行，奇数个奇数之和为奇数. 有偶数列，偶数＋偶数＝偶数，奇数不等于偶数，因此不可能.

10. 从 1 到 1000 中最多可以选出多少个数，满足：这些数中任意两个数的差都不整除它们的和？

【答案】 334.

【解答】 将自然数 1 到 999 分成下面 333 组：

$$1,2,3;\quad 4,5,6;\quad 7,8,9;\quad \cdots;\quad 997,998,999.$$

每组中的数都是三个连续的自然数，任取出其中的两个数，如果这两个数奇偶相同，则和为偶数，差为 2；否则，和为奇数，差为 1. 所以，在某组中任取两个数，它们的差都可以整除他们的和.

根据抽屉原理，如果从 1 到 1000 中取出的数的个数大于 334，必定有两个数在前面所给的 333 组数的某组中，这样取出的数不满足题目要求.

另一方面，取出 1，4，7，…，1000，共 334 个，即取出数为

$$3k+1, k=0,1,2,\cdots,333,$$

其中，任意两个数的和被 3 除余 2，他们的差是 3 的倍数，满足题目的要求.

11. 某个水池存有的水量是其容量的 $\frac{1}{18}$. 两台抽水机同时向水池注水，当水池的水量达到 $\frac{2}{9}$ 时，第一台抽水机开始单独向水池注水，用时 81 分钟，所注入的水量等于第二台抽水机已注入水池内的水量. 然后第二台抽水机单独向水池注水 49 分钟，此时，两台抽水机注入水池的总水量相同. 之后，两台抽水机都继续向水池注水. 那么两台抽水机还需要一起注水多少分钟，方能将水池注满水？

【答案】 231.

【解答】 设水池容量为 1. 由题意可知：两台抽水机第一次同时向水池注水的水

量是

$$\frac{2}{9} - \frac{1}{18} = \frac{1}{6}.$$

设两台抽水机单独向水池注水的水量为 $\frac{1}{6}$ 时所需时间分别为 V_1 和 V_2,两台抽水机一起向水池注水的水量为 $\frac{1}{6}$ 时,设所需时间为 t,则有下列方程:

$$\frac{t}{V_2} = \frac{81}{V_1}, \frac{t}{V_1} = \frac{49}{V_2}.$$

所以,

$$\frac{V_2}{V_1} = \frac{7}{9}, t = 7 \times 9 = 63.$$

由题意可知:两台抽水机单独向水池注水的水量之和也是 $\frac{1}{6}$,两台抽水机都继续向水池注水,还需要注水

$$1 - 2 \times \frac{1}{6} - \frac{1}{18} = \frac{11}{18}$$

方能将水池注满水,故有

$$\left(\frac{11}{18} \div \frac{1}{6}\right) \times 63 = 231 (分钟).$$

12. 小李和小张在一个圆形跑道上匀速跑步,两人同时同地出发,小李顺时针跑,每 72 秒跑一圈;小张逆时针跑,每 80 秒跑一圈. 在跑道上划定以起点为中心的 $\frac{1}{4}$ 圆弧区间,那么会出现多次两人同时都在划定的区间内跑的情形,每次持续的时间可能长短不一. 问:所有可能持续的时间各为多少秒?

【答案】 3,9,11,18.

【解答】

解法一:设起跑时间为 0 秒时刻,则小李和小张在划定区间跑的时间段分别为

$$[0,9], [72k-9, 72k+9], k = 1,2,3,\cdots,$$

和

$$[0,10], [80m-10, 80m+10], m = 1,2,3,\cdots.$$

其中 $[a,b]$ 表示第 a 秒时刻至第 b 秒时刻. 显然 $[0,9]$ 是前 9 秒里两类时间段的公共部分. 此外,考虑 $[72k-9, 72k+9]$ 和 $[80m-10, 80m+10]$ 的公共区间,k,m 为正整数,分两种情况:

(1)$72k = 80m$,即小李和小张分别跑了 k 圈和 m 圈同时回到起点,他们二人同时在划定区域跑了 18 秒.

(2)$72k \neq 80m$,例如

$$72k-9 \qquad\qquad 72k+9$$
$$80m-10 \qquad\qquad 80m+10$$

$$72k-9 \leqslant 80m-10 \leqslant 72k+9 \leqslant 80m+10 \Leftrightarrow 1 \leqslant 80m-72k \leqslant 19 \qquad ①$$

两人同时在划定区域内跑了 $72k+9-(80m-10)=19-(80m-72k)$. 由①知 $80m-72k=8,16$. 于是两人同时在划定区域内跑持续时间为 11 秒或 3 秒. 其他情况类似可得同样结果.

综上,答案为 3,9,11,18.

解法二:

小李第 t 秒时刻,位于起点至顺时针方向 $\frac{1}{4}$ 圆弧区间,且跑了不足 1 圈时,则 $0 \leqslant t \leqslant 9$;小张第 t 秒时刻,位于起点至逆时针方向 $\frac{1}{4}$ 圆弧区间,且跑了不足 1 圈时,则 $0 \leqslant t \leqslant 10$,显然,第 0 秒时刻至第 9 秒时刻,共 9 秒,小李和小张在划定的区间内跑步.

小李第 t 秒时刻,位于起点为中心的 $\frac{1}{4}$ 圆弧区间内,则

$$72k-9 \leqslant t \leqslant 72k+9,\text{其中 } k \text{ 是非负整数}; \qquad (*)$$

小张第 t 秒时刻,位于起点为中心的 $\frac{1}{4}$ 圆弧区间内,则

$$80m-10 \leqslant t \leqslant 80m+10,\text{其中 } m \text{ 是非负整数}. \qquad (**)$$

比较($*$)和($**$),

(1)设 $72k-9 \leqslant 80m-10$,即 $72k-80m \leqslant -1$,则有 $72k+9 \leqslant 80m+10$,因此

$$72k-9 \leqslant 80m-10 \leqslant t \leqslant 72k+9 \leqslant 80m+10,$$
$$0 \leqslant (72k+9)-(80m-10)=72k-80m+19 \leqslant 18.$$

因为 $72k-80m+19=8 \times (9k-10m)+19$,只有 $72k-80m+19=3$ 或 11,k 和 m 才有整数解.

(2)类似,可设 $80m+10 \leqslant 72k+9$,则有 $80m-72k+19 \leqslant 18$,只有 $80m-72k+19=3$ 或 11.

(3)除(1)和(2)之外,尚有

$$80m-10 \leqslant 72k-9 \leqslant t \leqslant 72k+9 \leqslant 80m+10, \qquad (***)$$

不可能有

$$72k-9 \leqslant 80m-10 \leqslant t \leqslant 80m+10 \leqslant 72k+9,$$

从($***$)可知:18 秒也是小李和小张两人同时在划定区间跑步所持续的时间.

答案为 3,9,11,18.

三、解答下列各题(每小题 15 分,共 30 分,要求写出详细过程)

13. 实数 x,y,z,w 满足 $x \geqslant y \geqslant z \geqslant w \geqslant 0$,且 $5x+4y+3z+6w=2012$,求 $x+y+z+w$ 的最大值和最小值.

【答案】 $503, \dfrac{2012}{5}$.

【解答】 设

$$z = w+a, y = w+a+b, x = w+a+b+c.$$

则 $b,c \geq 0$,且

$$x+y+z+w = 4w+3a+2b+c.$$

$$\begin{aligned} 2012 &= 5(w+a+b+c) + 4(w+a+b) + 3(w+a) + 6w = 18w + 12a + 9b + 5c \\ &= 4(4w+3a+2b+c) + (2w+b+c) \geq 4(x+y+z+w). \end{aligned}$$

因此,

$$x+y+z+w \leq 503.$$

当 $x = y = z = \dfrac{503}{3}, w = 0$ 时,上式等号成立. 故 $x+y+z+w$ 的最大值为 503.

又

$$\begin{aligned} 2012 &= 18w + 12a + 9b + 5c = 5 \times (4w+3a+2b+c) - (2w+3a+b) \\ &\leq 5(x+y+z+w), \end{aligned}$$

所以

$$x+y+z+w \geq \dfrac{2012}{5}.$$

当 $x = \dfrac{2012}{5}, y = z = w = 0$ 时,上式等号成立. 故 $x+y+z+w$ 的最小值为 $\dfrac{2012}{5}$.

14. 平面上有从 1 到 n 编了号的 n 个点,每个点与另外 k 个点连有直线段,若一个点连的 k 条直线段的另外 k 个端点的编号中有多于一半的编号小于它自身的编号,这个点就称为"好点". 若恰有 5 个好点,问:n 的最小值是多少?

【答案】 8.

【解答】 当一个点连的线段的另一端点的编号小于它的编号,就称这条线段为该点发出的"好线". 每个好点,发出的"好线"的条数不小于 $\left[\dfrac{k}{2}\right]+1$,这里令 $[x]$ 表示不大于 x 的最大整数,$\{x\} = x - [x]$.

编号为 n 的点发出的连线都是好线,其他 4 个好点发出的连线的条数大于等于

$$4 \times \left(\left[\dfrac{k}{2}\right]+1\right) \geq 4 \times \dfrac{k+1}{2} = 2k+2.$$

由于 5 个好点发出的好线的条数小于所有的连线数 $\dfrac{nk}{2}$,所以

$$k + 2k + 2 < \dfrac{nk}{2},$$

$$4 < k(n-6), \qquad\qquad (*)$$

另外,设好点中最小编号为 m,则编号为 $1, 2, \cdots, m-1$ 的点都不是好点,而非好点的总

数是 $n-5$,所以,$m-1\leqslant n-5$. 此外,第 m 号点最多只能发出 $m-1$ 条好线,因此,

$$\left[\frac{k}{2}\right]+1\leqslant m-1\leqslant n-5,$$

$$\frac{k}{2}-\left\{\frac{k}{2}\right\}+1\leqslant n-5,$$

$$\frac{k}{2}\leqslant n-5-1+\left\{\frac{k}{2}\right\}\leqslant\frac{2n-11}{2},k\leqslant 2n-11. \qquad (**)$$

由($*$)和($**$),$4<(2n-11)(n-6)$,不难验证,$n\geqslant 8$ 不等式才能成立.

下面例子说明,$n=8$ 是可以达到的. 现设 $n=8$,取 $k=3$,有

	1	2	3	4	5	6	7	8
1				*	*	*		
2				*	*			*
3				*			*	*
4	*	*	*					
5	*	*				*		
6	*				*		*	
7			*			*		*
8		*	*				*	

* 表示编号等于行号和列号的两个点连线.

131